Saveurs d'Italie 2023
Les Meilleures Recettes Traditionnelles

Giuseppe Licata

TABLE DES MATIÈRES

Dessert avec une croûte de sucre brûlée au chalumeau 9

Tasses de mascarpone et de café 12

Châtaignier "Montagne" 14

Pudding au chocolat 17

Riz au lait aux pépites de chocolat 19

Crème Caramel Café 21

Crème Chocolat Caramel 24

Crème Amaretti Caramel 27

Sirop simple pour granité 30

granité au citron vert 31

pastèque congelée 33

granité mandarine 35

Granité au vin de fraise 37

café Granita 39

Granit d'agrumes et Campari 41

Granité pêche blanche et prosecco 43

crème glacée au chocolat 45

Granité citron Prosecco 47

Granité Rose Prosecco 49

crème glacée"	51
Glace au citron	53
glace à la ricotta	54
glace au mascarpone	56
glace à la cannelle	58
Espresso Ice Cream	60
Glace Noix et Caramel	62
Glace au miel et nougat	65
Glace Amaretti	68
Glace "noyée"	70
Glace au vinaigre balsamique	71
truffes surgelées	72
Coupes de crème d'amande	75
mousse orange	78
semifreddo aux amandes	81
Gâteau Florentin Dôme Surgelé	84
Sauce mascarpone au miel	87
Sauce fraîche	88
Sauce piquante aux fruits rouges	89
Sauce aux framboises toute l'année	90
chocolat chaud	92
Langue de chat	93

biscuits à la semoule 96

Bagues Vin Santo 99

Biscuits Marsala 101

biscuits au vin de sésame 104

biscuits au sésame 106

gâteaux à l'anis 109

oignon rôti 112

Oignon au vinaigre balsamique 114

Oignon rouge confit 116

Salade de betteraves rôties et oignons 118

Oignon perlé au miel et à l'orange 120

petits pois à l'oignon 122

Pois au jambon et oignon vert 124

Pois sucrés avec laitue et menthe 126

salade de pois 128

poivrons grillés 130

salade de poivrons grillés 132

Poivrons rôtis aux oignons et herbes 133

Poivrons rôtis aux tomates 135

Poivrons au vinaigre balsamique 137

poivre mariné 139

Poivrons aux amandes 141

Poivron à la tomate et à l'oignon 143

Poivrons farcis 145

Poivrons farcis à la napolitaine 147

Poivrons farcis façon Ada Boni 150

poivrons frits 152

Poivrons sautés aux courgettes et à la menthe 154

Poivrons rôtis et terrine d'aubergines 156

patate aigre-douce 159

Pommes de terre au vinaigre balsamique 161

Brochettes de Thon à l'Orange 163

Thon et Poivrons Grillés, Molise 165

Thon grillé au citron et à l'origan 168

Steaks de thon grillés croustillants 170

Thon grillé au pesto de roquette 172

Ragoût de thon et haricots cannellini 174

espadon sicilien à l'oignon 176

pommes de terre vénitiennes 178

Pommes de terre sautées" 180

Pommes de terre sautées et poivrons 182

Purée de pommes de terre au persil et à l'ail 184

Pommes de terre nouvelles aux herbes et bacon 186

Pomme de terre à la tomate et à l'oignon 188

Pommes de terre au four à l'ail et au romarin 190

Pommes de terre au four aux champignons 192

Pommes de terre et chou-fleur façon Basilicate 194

Pommes de terre et chou dans la casserole 196

Tarte aux pommes de terre et aux épinards 198

Croquettes napolitaines de pommes de terre 201

Tarte aux pommes de terre napolitaine de papa 204

tomates frites 207

tomates vapeur 209

tomates rôties 210

Farro aux tomates farcies 212

Tomate farcie à la romaine 214

Tomates rôties au vinaigre balsamique 216

Carpaccio De Courgettes 218

Dessert avec une croûte de sucre brûlée au chalumeau

crème bruciata

Donne 4 portions

Au restaurant Il Matriciano à Rome, la crème brûlée est cuite dans de grandes rôtissoires. La base de la crème pâtissière est épaisse et riche en jaunes et en crème, et la garniture au caramel est dure, légère et croustillante comme du caramel. C'est mon interprétation de sa version.

2 tasses de crème sure

3 cuillères de sucre

4 gros joyaux

1 cuillère à café d'extrait de vanille pure

Ajout

1/2 tasse de sucre

3 cuillères à soupe d'eau

1. Placer une grille au centre du four. Préchauffer le four à 300 ° F. Préparer un plat de cuisson peu profond de 4 tasses et une grille de refroidissement.

deux. Dans une casserole moyenne, mélanger la crème et le sucre. Porter à ébullition à feu moyen en remuant pour dissoudre le sucre.

3. Dans un grand bol, battre les jaunes d'oeufs et la vanille. Sans cesser de remuer, verser la crème chaude. Verser le mélange dans la rôtissoire.

4. Placer la plaque à pâtisserie dans une rôtissoire plus grande. Placer la plaque de cuisson au four. Versez délicatement de l'eau chaude dans la plus grande casserole jusqu'à ce qu'elle atteigne une profondeur de 1 pouce sur le côté de la rôtissoire. Cuire au four de 45 à 50 minutes, jusqu'à ce qu'elles soient prises mais encore un peu molles au centre. Transférer la plaque de cuisson sur la grille pour refroidir pendant 30 minutes. Couvrir et réfrigérer.

5. Jusqu'à 12 heures avant de servir, mélanger le sucre et l'eau dans une petite casserole à fond épais. Cuire à feu moyen, en remuant de temps en temps, jusqu'à ce que le sucre soit complètement dissous, environ 3 minutes. Lorsque le mélange

commence à bouillir, arrêtez de remuer et faites cuire jusqu'à ce que le sirop commence à dorer sur les bords. Ensuite, remuez doucement la casserole sur le feu jusqu'à ce que le sirop soit d'une couleur brun doré uniforme, environ 2 minutes de plus.

6. À l'aide d'un essuie-tout, essuyez la surface du mélange de crème froide sur la plaque à pâtisserie. Versez délicatement le sirop chaud sur le dessus. Remettre le plat au réfrigérateur pendant 10 minutes jusqu'à ce que le caramel soit pris.

7. Pour servir, cassez le caramel avec la pointe d'une cuillère. Verser la crème et le caramel dans des assiettes de service.

Tasses de mascarpone et de café

Coupe de Mascarpone al Caffè

Donne 6 portions

Bien que le mascarpone soit généralement fabriqué en Lombardie, il est souvent utilisé dans les desserts vénitiens. Celui-ci mélange le café et les arômes du mascarpone et de la crème, avec du chocolat haché pour lui donner de la texture. Il est similaire au tiramisu, également originaire de Vénétie, bien qu'il ne contienne pas de biscuits.

Vous n'avez besoin d'aucun équipement de fabrication d'espresso sophistiqué pour ce dessert ou tout autre dessert de ce livre. Vous pouvez utiliser une cafetière ordinaire ou même un expresso instantané.

⅓ tasse d'espresso chaud et fort

1/4 tasse de sucre

¼ tasse de brandy ou de rhum

4 onces (1/2 tasse) de mascarpone, à température ambiante

1 tasse de crème sure ou de crème fouettée

¹1/2 tasse de chocolat mi-sucré haché (environ 2 onces)

1. Au moins 20 minutes avant de réaliser le dessert, placez un bol moyen et les fouets d'un batteur électrique au réfrigérateur. Ajouter l'espresso et le sucre. Remuer jusqu'à ce que le sucre se dissolve. Ajouter le cognac. Laisser refroidir à température ambiante.

deux. Dans un grand bol, mélanger le mascarpone et le café jusqu'à consistance lisse. Sortir le bol et les fouets du réfrigérateur. Versez la crème dans le bol et battez la crème à haute vitesse jusqu'à ce qu'elle garde doucement sa forme lorsque les batteurs sont levés, environ 4 minutes.

3. A l'aide d'une spatule souple, incorporer délicatement la crème au mélange de mascarpone. Réserver 2 cuillères à soupe de chocolat pour décorer et ajouter le reste du chocolat au mascarpone.

4. Verser le mélange dans six verres. Saupoudrer du chocolat réservé. Couvrir et réfrigérer 1 heure à une nuit.

Châtaignier "Montagne"

colline blanche

Donne 6 portions

Cette montagne de purée de marrons, chantilly et copeaux de chocolat porte le nom du Mont Blanc, Monte Bianco en italien, une des Alpes qui séparent la France et l'Italie dans la région de la Vallée d'Aoste.

Des châtaignes fraîches et décortiquées sont bouillies, puis décortiquées et aromatisées au rhum et au chocolat pour faire ce dessert festif. Vous pouvez sauter les étapes de cuisson et d'épluchage en les remplaçant par des marrons cuits sous vide, entiers ou en morceaux, vendus en bocaux ou en conserves. Vous pouvez préparer la plupart de la recette plusieurs heures avant de servir.

1 livre de châtaignes fraîches ou substitut 1 livre de châtaignes cuites non sucrées emballées sous vide

1 cuillère à café de sel

2 tasses de lait entier

1/2 tasse de sucre

3 onces de chocolat noir, fondu

2 cuillères à soupe de rhum brun ou clair ou de brandy

1 tasse de crème sure ou de crème fouettée

1/2 cuillère à café d'extrait de vanille pur

Chocolat mi-sucré râpé pour décorer

1. Si vous utilisez des châtaignes fraîches, placez-les côté plat vers le bas sur une planche à découper. À l'aide d'un petit couteau pointu, faites une entaille dans la peau sans couper la châtaigne. Placer les marrons dans une casserole avec de l'eau froide jusqu'à ce qu'ils couvrent deux centimètres et saler. Porter à ébullition et cuire jusqu'à ce qu'ils soient tendres au moment de les percer avec un couteau, environ 15 minutes. Laisser refroidir un peu dans l'eau. Retirez les marrons de l'eau, un par un, et épluchez-les encore chauds, en enlevant à la fois la coque extérieure et la peau intérieure.

deux. Placer les châtaignes décortiquées ou les châtaignes emballées sous vide dans une casserole moyenne. Ajouter le lait et le sucre et porter à ébullition. Couvrir et cuire, en remuant de temps en temps, jusqu'à ce que les châtaignes soient tendres mais conservent leur forme, environ 10 minutes pour sous vide ou 20 minutes pour fraîchement décortiquées.

3. Mettre les marrons et le jus de cuisson dans un robot culinaire avec le rhum. Traiter jusqu'à consistance lisse, environ 3 minutes. Ajouter le chocolat fondu. Laisser refroidir à température ambiante.

4. Verser le mélange dans un hachoir muni d'une lame à gros trous ou d'un presse-purée. En tenant le moulin au-dessus d'une assiette de service, roulez le mélange de noix sur la lame, formant un cône ou une forme de "montagne". (Peut être préparé jusqu'à 3 heures à l'avance. Couvrir d'une pellicule plastique et conserver à température ambiante fraîche.)

5. Au moins 20 minutes avant de servir, placez un grand bol à mélanger et les batteurs au réfrigérateur. Sortir le bol et les fouets du réfrigérateur. Versez la crème dans le bol et battez la crème à haute vitesse jusqu'à ce qu'elle garde doucement sa forme lorsque les batteurs sont levés, environ 4 minutes.

6. Verser la crème sur la "montagne" de châtaignes en la laissant tomber doucement du sommet comme de la neige. Décorer avec le chocolat râpé.

Pudding au chocolat

crème cioccolato

Donne 8 portions

Le cacao, le chocolat et la crème épaisse rendent ce dessert riche, crémeux et savoureux. Servir en petites portions avec de la chantilly et du chocolat râpé.

deux/3 tasse de sucre

1/4 tasse de fécule de maïs

3 cuillères à soupe de cacao en poudre non sucré

1/4 cuillère à café de sel

2 tasses de lait entier

1 tasse de crème de lait

4 onces de chocolat mi-sucré ou mi-sucré, haché, plus plus pour la garniture (facultatif)

1. Dans un grand bol, tamiser ensemble 1/3 tasse de sucre, la fécule de maïs, le cacao et le sel. Ajouter 1/4 tasse de lait jusqu'à consistance lisse et bien mélangée.

deux. Dans une grande casserole, mélanger le 1/3 tasse de sucre restant, 13/4 tasse de lait et la crème épaisse. Cuire à feu moyen, en remuant constamment, jusqu'à ce que le sucre se dissolve et que le mélange arrive à ébullition, environ 3 minutes.

3. À l'aide d'un fouet, battre le mélange de cacao dans le mélange de lait chaud. Cuire, en remuant, jusqu'à ce que le mélange arrive à ébullition. Réduire le feu à doux et cuire jusqu'à épaississement et consistance lisse, 1 minute de plus.

4. Verser le contenu de la casserole dans un grand bol. Ajouter le chocolat et remuer jusqu'à ce qu'il soit fondu et lisse. Couvrir hermétiquement avec un morceau de pellicule plastique, en l'ajustant fermement à la surface du pudding pour éviter la formation d'une peau. Réfrigérer jusqu'à refroidissement, 3 heures pendant la nuit.

5. Pour servir, déposer le pudding dans des bols à dessert. Garnir d'un peu de chocolat haché, si désiré, et servir.

Riz au lait aux pépites de chocolat

Budino di Riso al Cioccolato

Donne 6 portions

J'ai mangé ce riz au lait crémeux à Bologne, où les gâteaux de riz et les puddings sont très populaires. Ce n'est que lorsque je l'ai essayé que j'ai découvert que ce qui ressemblait à des raisins secs était en fait des morceaux de chocolat aigre-doux. La crème fouettée illumine ce pouding riche fait de riz italien à grain moyen. Servir seul ou avecSauce aux framboises toute l'annéen'importe quelchocolat chaud.

6 tasses de lait entier

1/4 tasse de riz à grain moyen tel que Arborio, Carnaroli ou Vialone Nano

1/2 cuillère à café de sel

1/4 tasse de sucre

2 cuillères à soupe de rhum brun ou de brandy

1 cuillère à café d'extrait de vanille pure

1 tasse de crème sure ou de crème fouettée

3 onces de chocolat noir, haché

1. Dans une grande casserole, mélanger le lait, le riz et le sel. Porter le lait à ébullition et cuire, en remuant constamment, jusqu'à ce que le riz soit très tendre et que le lait soit absorbé, environ 35 minutes.

deux. Transférer le riz cuit dans un grand bol. Ajouter le sucre et laisser refroidir à température ambiante. Ajouter le rhum et la vanille.

3. Au moins 20 minutes avant de réaliser le dessert, placez un grand saladier et les batteurs au réfrigérateur.

4. Une fois refroidis, sortez le bol et les fouets du réfrigérateur. Versez la crème dans le bol et battez la crème à haute vitesse jusqu'à ce qu'elle garde doucement sa forme lorsque les batteurs sont levés, environ 4 minutes.

5. À l'aide d'une spatule souple, incorporer la crème fouettée et le chocolat haché au mélange de riz. Servir immédiatement ou couvrir et réfrigérer.

Crème Caramel Café

pain au café

Donne 6 portions

Cette vieille recette toscane a la texture d'une crème au caramel, mais ne contient ni lait ni crème. La crème est riche, sombre et dense, mais pas aussi lourde que si elle était faite avec de la crème. Le nom italien indique qu'à une certaine époque il était cuit sous forme de pain, pane en italien.

2 tasses de café expresso chaud et fort

11/2 tasse de sucre

2 cuillères à soupe d'eau

5 gros oeufs

1 cuillère à soupe de rhum ou de cognac

1. Placer une grille au centre du four. Préchauffer le four à 350 ° F. Préparer 6 tasses de crème résistante à la chaleur.

deux. Dans un grand bol, battre l'expresso avec 3/4 tasse de sucre jusqu'à ce que le sucre se dissolve. Laisser reposer jusqu'à ce que le café soit à température ambiante, environ 30 minutes.

3. Dans une petite casserole à fond épais, mélanger les 3/4 tasse de sucre restants et l'eau. Cuire à feu moyen, en remuant de temps en temps, jusqu'à ce que le sucre soit complètement dissous, environ 3 minutes. Lorsque le mélange commence à bouillir, arrêtez de remuer et faites cuire jusqu'à ce que le sirop commence à dorer sur les bords. Ensuite, remuez doucement la casserole sur le feu jusqu'à ce que le sirop soit d'une couleur brun doré uniforme, environ 2 minutes de plus. En vous protégeant la main avec un gant de cuisine, versez immédiatement le caramel chaud dans les moules.

4. Dans un grand bol, battre les œufs jusqu'à homogénéité. Ajouter le café froid et le rhum. Verser le mélange à travers une passoire fine dans un bol et ajouter aux coupes de crème.

5. Placer les coupelles sur une grande plaque à pâtisserie. Placer la plaque à pâtisserie au centre du four et verser de l'eau chaude dans la plaque à pâtisserie jusqu'à une profondeur de 1 pouce. Cuire au four pendant 30 minutes ou jusqu'à ce qu'un couteau inséré à 1/2 pouce du centre de la crème en ressorte propre.

Transférer les tasses de la poêle sur la grille pour refroidir. Couvrir et réfrigérer au moins 3 heures ou toute la nuit.

6. Pour servir, passez un petit couteau autour de l'intérieur de chaque coupe de crème pâtissière. Investissez dans des assiettes de service et servez immédiatement.

Crème Chocolat Caramel

Crème Caramel au Cioccolato

Donne 6 portions

La crème au caramel est une crème onctueuse et soyeuse. J'aime cette version, avec une saveur de chocolat, que j'ai eue à Rome.

Doux

³1/4 tasse de sucre

2 cuillères à soupe d'eau

Crème

2 tasses de lait entier

4 onces de chocolat noir ou mi-sucré, haché

³1/4 tasse de sucre

4 gros œufs

2 gros joyaux

1. Placer une grille au centre du four. Préchauffer le four à 350 ° F. Préparer 6 tasses de crème résistante à la chaleur.

deux. Préparer le caramel : Dans une petite casserole à fond épais, mélanger le sucre et l'eau. Cuire à feu moyen, en remuant de temps en temps, jusqu'à ce que le sucre soit complètement dissous, environ 3 minutes. Lorsque le mélange commence à bouillir, arrêtez de remuer et faites cuire jusqu'à ce que le sirop commence à dorer sur les bords. Ensuite, remuez doucement la casserole sur le feu jusqu'à ce que le sirop soit d'une couleur brun doré uniforme, environ 2 minutes de plus. En vous protégeant la main avec un gant de cuisine, versez immédiatement le caramel chaud dans les moules.

3. Préparer la crème : Dans une petite casserole, chauffer le lait à feu doux jusqu'à ce que de petites bulles se forment sur les bords. Retirer du feu. Ajouter le chocolat et les 3/4 tasse de sucre restants et laisser reposer jusqu'à ce que le chocolat soit fondu. Remuer jusqu'à homogénéité.

4. Dans un grand bol, battre les œufs et les jaunes jusqu'à homogénéité. Ajouter la poudre de chocolat au lait. Verser le mélange à travers une passoire fine dans un bol et ajouter aux coupes de crème.

5. Placer les coupelles sur une grande plaque à pâtisserie. Placer au centre du four. Versez délicatement de l'eau chaude dans la casserole jusqu'à une profondeur de 1 pouce. Cuire au four de

20 à 25 minutes ou jusqu'à ce qu'un couteau inséré à 1/2 pouce du centre de la crème en ressorte propre. Transférer les tasses de la poêle sur la grille pour refroidir. Couvrir et réfrigérer au moins 3 heures ou toute la nuit.

6. Pour servir, passez un petit couteau autour de l'intérieur de chaque coupe de crème pâtissière. Investissez dans des assiettes de service et servez immédiatement.

Crème Amaretti Caramel

os

Donne 8 portions

Les crèmes anglaises sont généralement lisses, mais cette version piémontaise est agréablement granuleuse car elle est faite avec des biscuits amaretti écrasés. Il est souvent rôti dans un bol et son nom vient d'un mot dialectal désignant la couronne d'un chapeau. Je préfère le faire cuire dans un moule à gâteau en couches (pas un moule à charnière) car il est plus facile de couper et de servir de cette façon.

Doux

deux/3 tasse de sucre

1/4 tasse d'eau

Crème

3 tasses de lait entier

4 gros œufs

1 tasse de sucre

1 tasse de cacao en poudre non sucré transformé aux Pays-Bas

¾ tasse de biscuits amaretti italiens importés finement écrasés (environ 12)

2 cuillères à soupe de rhum brun

1 cuillère à café d'extrait de vanille pure

1. Préparer le caramel : Dans une petite casserole à fond épais, mélanger le sucre et l'eau. Cuire à feu moyen, en remuant de temps en temps, jusqu'à ce que le sucre soit complètement dissous, environ 3 minutes. Lorsque le mélange commence à bouillir, arrêtez de remuer et faites cuire jusqu'à ce que le sirop commence à dorer sur les bords. Ensuite, remuez doucement la casserole sur le feu jusqu'à ce que le sirop soit d'une couleur brun doré uniforme, environ 2 minutes de plus. En protégeant votre main avec un gant de four, versez immédiatement le caramel dans un moule à gâteau de 8 ou 9 pouces. Inclinez le moule pour recouvrir le fond et une partie des côtés avec le caramel.

deux. Placer une grille au centre du four. Préchauffer le four à 325 ° F. Placer une plaque à pâtisserie assez grande pour contenir la plaque à pâtisserie au centre du four.

3. Faire la crème : Dans une grande casserole à fond épais, chauffer le lait à feu doux jusqu'à ce que de petites bulles se forment sur les bords.

4. Entre-temps, dans un grand bol, battre les œufs avec le sucre jusqu'à ce qu'ils soient combinés. Ajouter le cacao, la chapelure de biscuits, le rhum et la vanille. Ajouter progressivement le lait chaud.

5. Verser le mélange de crème à travers un tamis à mailles fines dans le moule préparé. Placer la plaque à pâtisserie au centre de la plaque à pâtisserie. Versez délicatement de l'eau très chaude dans le plat allant au four jusqu'à une profondeur de 1 pouce.

6. Cuire au four pendant 1 heure et 10 minutes ou jusqu'à ce que le dessus soit pris mais que le centre soit encore légèrement ondulé. (En protégeant votre main avec un gant de cuisine, secouez doucement la casserole.) Préparez une grille de refroidissement. Transférer la poêle sur une grille pour refroidir pendant 15 minutes. Couvrir et réfrigérer de 3 heures à une nuit.

7. Pour démouler, passez un petit couteau autour du bord intérieur du moule. Renverser la crème sur une assiette de service. Couper en tranches pour servir immédiatement.

Sirop simple pour granité

Donne 1 1/4 tasse

Si vous voulez faire des granités à tout moment, doublez ou triplez cette recette et conservez-la dans un récipient hermétique au réfrigérateur jusqu'à deux semaines.

1 tasse d'eau froide

1 tasse de sucre

1. Dans une petite casserole, mélanger l'eau et le sucre. Porter à ébullition à feu moyen et cuire, en remuant de temps en temps, jusqu'à ce que le sucre se dissolve, environ 3 minutes.

deux. Laisser refroidir un peu le sirop. Verser dans un récipient, couvrir et réfrigérer jusqu'à utilisation.

granité au citron vert

granité au citron vert

Donne 6 portions

Le rafraîchissement estival par excellence : à servir tel quel avec une tranche de citron et un brin de menthe, ou à mélanger dans des cocktails estivaux. Le granité au citron fait aussi un bon affogato, qui signifie « noyé », avec une bonne dose de grappa ou de limoncello, la délicieuse liqueur de citron de Capri.

1 tasse d'eau

deux/3 tasse de sucre

21/2 tasses de glaçons

1 cuillère à café de zeste de citron

1 1/2 tasse de jus de citron fraîchement pressé

1. Dans une petite casserole, mélanger l'eau et le sucre. Porter à ébullition à feu moyen et cuire, en remuant de temps en temps, jusqu'à ce que le sucre se dissolve, environ 3 minutes. Laissez refroidir un peu. Placer les glaçons dans un grand bol et verser le sirop sur les glaçons. Remuer jusqu'à ce que la glace fonde. Réfrigérer jusqu'à refroidissement, environ 1 heure.

deux.Réfrigérer une poêle en métal de 13 × 9 × 2 pouces au congélateur. Dans un bol moyen, mélanger le sirop de sucre, le zeste de citron et le jus de citron. Sortez la plaque de cuisson du congélateur et versez-y le mélange. Congeler pendant 30 minutes ou jusqu'à ce qu'une bordure de cristaux de glace de 1 pouce se forme sur les bords.

3.Incorporer les cristaux de glace au centre du mélange. Remettre le moule au congélateur et continuer à congeler en remuant toutes les 30 minutes, jusqu'à ce que tout le liquide soit congelé, environ 2 à 2 1/2 heures. Servir immédiatement ou verser le mélange dans un récipient en plastique, couvrir et conserver au congélateur jusqu'à 24 heures.

4.Retirer du congélateur pour ramollir environ 15 minutes avant de servir, si nécessaire.

pastèque congelée

Granita di Cocomero

Donne 6 portions

La saveur de ce granité est si concentrée et sa fraîcheur si rafraîchissante qu'il vaut mieux que la pastèque fraîche. C'est un favori en Sicile, où les étés peuvent être extrêmement chauds.

1 tasse d'eau

1 1/2 tasse de sucre

4 tasses de morceaux de pastèque, sans pépins

2 cuillères à soupe de jus de citron frais ou au goût

1. Dans une petite casserole, mélanger l'eau avec le sucre. Porter à ébullition à feu moyen et cuire, en remuant de temps en temps, jusqu'à ce que le sucre se dissolve, environ 3 minutes. Laisser refroidir légèrement et réfrigérer jusqu'à refroidissement, environ 1 heure.

deux. Réfrigérer une poêle en métal de 13 × 9 × 2 pouces au congélateur. Placer les morceaux de pastèque dans un mélangeur ou un robot culinaire et mélanger jusqu'à consistance lisse. Verser à travers un tamis à mailles fines dans un bol pour enlever les morceaux de graines. Vous devriez avoir environ 2 tasses de jus.

3. Dans un grand bol, mélanger le jus et le sirop. Ajouter du jus de citron au goût.

4. Sortez la plaque de cuisson du congélateur et versez-y le mélange. Congeler pendant 30 minutes ou jusqu'à ce qu'une bordure de cristaux de glace de 1 pouce se forme sur les bords. Incorporer les cristaux de glace au centre du mélange. Remettre le moule au congélateur et continuer à congeler en remuant toutes les 30 minutes, jusqu'à ce que tout le liquide soit congelé, environ 2 à 2 1/2 heures. Servir immédiatement ou verser le mélange dans un récipient en plastique, couvrir et conserver au congélateur jusqu'à 24 heures.

5. Retirer du congélateur pour ramollir environ 15 minutes avant de servir, si nécessaire.

granité mandarine

granit mandarine

Donne 4 portions

Le sud de l'Italie est riche en tous les types d'agrumes. J'ai eu ce granité à Tarente, dans les Pouilles. De cette façon, vous pouvez préparer des jus de mandarine, de tangelo, de clémentine ou de mandarine.

Ne soyez pas tenté d'ajouter plus d'alcool à ce mélange, sinon l'alcool pourrait l'empêcher de geler.

1 tasse froidesirop commun

1 tasse de jus de mandarine frais (d'environ 4 mandarines moyennes)

1 cuillère à café de zeste de mandarine fraîchement râpé

2 cuillères à soupe de mandarine ou de liqueur d'orange

1. Préparer du sirop simple, si nécessaire, et réfrigérer. Placez ensuite un moule en métal de 13 × 9 × 2 pouces au congélateur.

deux. Dans un grand bol, fouetter ensemble le jus, le zeste, le sirop et la liqueur jusqu'à homogénéité. Sortez la plaque à pâtisserie froide du congélateur et versez le liquide dans la plaque à pâtisserie.

3. Placez le moule au congélateur pendant 30 minutes ou jusqu'à ce qu'une bordure de cristaux de glace de 1 pouce se forme sur les bords. Incorporer les cristaux de glace au centre du mélange. Remettre le moule au congélateur et continuer à congeler en remuant toutes les 30 minutes, jusqu'à ce que tout le liquide soit congelé, environ 2 à 2 1/2 heures. Servir immédiatement ou verser le mélange dans un récipient en plastique, couvrir et conserver au congélateur jusqu'à 24 heures.

4. Retirer du congélateur pour ramollir environ 15 minutes avant de servir, si nécessaire.

Granité au vin de fraise

Granita di Fragola al Vino

Donne 6 à 8 portions

Avec des fraises fraîches et mûres, c'est délicieux, mais même les fraises ordinaires vont très bien dans ce slushie.

2 litres de fraises lavées et pelées

1 1/2 tasse de sucre ou au goût

1 verre de vin blanc sec

2 à 3 cuillères à soupe de jus de citron frais

1. Placez une poêle de 13 × 9 × 2 pouces au congélateur pour refroidir. Coupez les fraises en deux ou, si elles sont grosses, en quartiers. Dans une grande casserole, mélanger les fraises, le sucre et le vin. Porter à ébullition et cuire 5 minutes, en remuant de temps en temps, jusqu'à ce que le sucre se dissolve. Retirer du feu et laisser refroidir. Réfrigérer jusqu'à refroidissement, au moins 1 heure.

deux. Verser le mélange dans un robot culinaire ou un mélangeur. Battre jusqu'à obtenir une consistance lisse. Ajouter du jus de citron au goût.

3.Retirer la plaque à pâtisserie froide du congélateur et verser le mélange sur la plaque à pâtisserie. Placez le moule au congélateur pendant 30 minutes ou jusqu'à ce qu'une bordure de cristaux de glace de 1 pouce se forme sur les bords. Incorporer les cristaux de glace au centre du mélange. Remettre le moule au congélateur et continuer à congeler en remuant toutes les 30 minutes, jusqu'à ce que tout le liquide soit congelé, environ 2 à 2 1/2 heures. Servir immédiatement ou verser le mélange dans un récipient en plastique, couvrir et conserver au congélateur jusqu'à 24 heures.

4.Retirer du congélateur pour ramollir environ 15 minutes avant de servir, si nécessaire.

café Granita

café Granita

Donne 8 portions

Le Caffè Tazza d'Oro, près du Panthéon de Rome, prépare l'un des meilleurs cafés de la ville. En été, les touristes et les locaux se tournent vers leur granita di caffè, des glaces à l'espresso, servies avec ou sans une cuillerée de crème fouettée fraîche. C'est facile à faire et rafraîchissant après un repas d'été.

4 tasses d'eau

5 grosses cuillères à café de poudre d'expresso

2 à 4 cuillères à soupe de sucre

crème fouettée (facultatif)

1. Placez une poêle de 13 × 9 × 2 pouces au congélateur pour refroidir. Porter l'eau à ébullition. Retirer du feu. Ajouter la poudre de café instantané et le sucre au goût. Laisser refroidir légèrement et couvrir. Réfrigérer jusqu'à refroidissement, environ 1 heure.

deux. Sortez la cafetière froide du congélateur et versez le café dans la cafetière. Congeler jusqu'à ce qu'une bordure de 1 pouce de cristaux de glace se forme sur les bords. Incorporer les cristaux de glace au centre du mélange. Remettre le moule au congélateur et continuer à congeler en remuant toutes les 30 minutes, jusqu'à ce que tout le liquide soit congelé, environ 2 à 2 1/2 heures.

3. Servir immédiatement, garni de la crème si vous en utilisez, ou gratter le mélange dans un récipient en plastique, couvrir et conserver au congélateur jusqu'à 24 heures.

4. Retirer du congélateur pour ramollir environ 15 minutes avant de servir, si nécessaire.

Granit d'agrumes et Campari

Granita di Agrumi et Campari

Donne 6 portions

Campari, un apéritif rouge vif, se boit généralement sur de la glace ou mélangé avec du soda avant un repas. Pour ce granité, il est associé à du jus d'agrumes. Le Campari a un bord agréablement amer qui est très rafraîchissant, et le granité est d'une belle couleur rose.

1 tasse d'eau

1 1/2 tasse de sucre

2 tasses de jus de pamplemousse fraîchement pressé

1 tasse de jus d'orange fraîchement pressé

1 cuillère à café de zeste d'orange

3/4 tasse Campari

1. Placez une poêle de 13 × 9 × 2 pouces au congélateur pour refroidir pendant au moins 15 minutes. Mélanger l'eau et le sucre dans une petite casserole. Porter à ébullition à feu moyen et cuire, en remuant de temps en temps, jusqu'à ce que le sucre

se dissolve. Bien agiter. Retirer du feu et laisser refroidir. Refroidir le sirop.

deux.Mélanger le sirop froid, les jus, le Campari et le zeste d'orange.

3.Retirer la plaque à pâtisserie froide du congélateur et verser le mélange sur la plaque à pâtisserie. Placez le moule au congélateur pendant 30 minutes ou jusqu'à ce qu'une bordure de cristaux de glace de 1 pouce se forme sur les bords. Incorporer les cristaux de glace au centre du mélange. Remettre le moule au congélateur et continuer à congeler en remuant toutes les 30 minutes, jusqu'à ce que tout le liquide soit congelé, environ 2 à 2 1/2 heures. Servir immédiatement ou verser le mélange dans un récipient en plastique, couvrir et conserver au congélateur jusqu'à 24 heures.

4.Retirer du congélateur pour ramollir environ 15 minutes avant de servir, si nécessaire.

Granité pêche blanche et prosecco

Granita di Pesche et Prosecco

Donne 6 portions

Ce granité est inspiré du Bellini, un délicieux cocktail rendu célèbre au Harry's Bar de Venise. Un Bellini est fait avec du jus de pêches blanches et du prosecco, un vin blanc pétillant de la région de Vénétie.

Le sucre semoule se mélange plus facilement que le sucre semoule, mais si vous n'en trouvez pas, utilisez un peusirop communtester.

5 pêches blanches mûres moyennes, pelées et coupées en morceaux

1 1/2 tasse de sucre extrafin

2 cuillères à soupe de jus de citron frais ou au goût

1 tasse de prosecco ou autre vin blanc pétillant sec

1. Placez une poêle de 13 × 9 × 2 pouces au congélateur pour refroidir pendant au moins 15 minutes. Au mélangeur ou au robot culinaire, mélanger les pêches, le sucre semoule et le jus de citron. Mélanger ou traiter jusqu'à ce que le sucre soit complètement dissous. Ajouter le vin.

deux. Retirer la plaque à pâtisserie froide du congélateur et verser le mélange sur la plaque à pâtisserie. Placez le moule au congélateur pendant 30 minutes ou jusqu'à ce qu'une bordure de cristaux de glace de 1 pouce se forme sur les bords. Incorporer les cristaux de glace au centre du mélange. Remettre le moule au congélateur et continuer à congeler en remuant toutes les 30 minutes, jusqu'à ce que tout le liquide soit congelé, environ 2 à 2 1/2 heures. Servir immédiatement ou verser le mélange dans un récipient en plastique, couvrir et conserver au congélateur jusqu'à 24 heures.

3.Retirer du congélateur pour ramollir environ 15 minutes avant de servir, si nécessaire.

crème glacée au chocolat

Cioccolato Sorbetto

Donne 6 portions

Une crème glacée est un dessert glacé à la texture lisse qui contient du lait ou des blancs d'œufs pour l'onctuosité. Ceci est ma version de la glace que j'ai mangée au Caffè Florian, un café historique et une maison de thé sur la Piazza San Marco, à Venise.

1/2 tasse de sucre

3 onces de chocolat noir, émietté

1 tasse d'eau

1 tasse de lait entier

1. Dans une petite casserole, mélanger tous les ingrédients. Porter à ébullition à feu moyen. Cuire, en remuant constamment avec un fouet, jusqu'à consistance lisse et onctueuse, environ 5 minutes.

deux. Verser le mélange dans un bol moyen. Couvrir et réfrigérer jusqu'à ce qu'il soit froid.

3. Suivez les instructions du fabricant sur votre congélateur à crème glacée ou congelez-les dans des moules peu profonds jusqu'à ce qu'ils soient fermes mais pas durs, environ 2 heures. Verser le mélange dans le bol d'un batteur sur socle et battre jusqu'à consistance lisse. Emballez dans un récipient en plastique, fermez et conservez au congélateur. Servir dans les 24 heures.

Granité citron Prosecco

sgroppin

Donne 4 portions

Les Vénitiens aiment terminer leurs repas avec un sgroppino, un sorbet au citron granité sophistiqué et crémeux mélangé à du prosecco, un vin blanc sec et pétillant. Il doit être fait à la dernière minute, et c'est un dessert amusant à faire à table. J'aime le servir dans des verres à martini. Utilisez une paille de citron de bonne qualité achetée en magasin. Ce n'est pas traditionnel, mais l'orange serait bien aussi.

1 tasse de sorbet au citron

1 tasse de prosecco ou autre vin mousseux sec très froid

Branches de menthe

1. Plusieurs heures avant de servir le dessert, réfrigérez 4 grands verres ou verres à parfait au réfrigérateur.

deux. Juste avant de servir, sortez la paille du congélateur. Laisser reposer à température ambiante jusqu'à ce qu'il soit assez mou pour être retiré, environ 10 minutes. Verser la paille dans un bol moyen. Battre jusqu'à consistance lisse et homogène.

3. Ajouter lentement le prosecco et battre brièvement avec un fouet jusqu'à consistance crémeuse et lisse. Versez rapidement la bouillie dans des verres à vin réfrigérés ou des verres à martini. Garnir de menthe. Sers immédiatement.

Granité Rose Prosecco

Sgroppino alle Fragole

Donne 6 portions

Si les fraises fraîches de votre marché ne sont pas mûres et parfumées, essayez d'utiliser des fraises surgelées pour ce dessert facile.

1 tasse de fraises tranchées

1 à 2 cuillères de sucre

1 tasse de sorbet au citron

1 tasse de prosecco ou autre vin mousseux sec

Petites fraises fraîches ou quartiers de citron, pour la garniture

1. Plusieurs heures avant de servir le dessert, réfrigérez 6 grands verres ou parfaits au réfrigérateur.

deux. Placer les fraises et 1 cuillère à soupe de sucre dans un robot culinaire ou un mélangeur. Battre les baies jusqu'à consistance lisse. Goûtez la douceur. Ajouter plus de sucre si nécessaire.

3. Juste avant de servir, sortez la paille du congélateur. Laisser reposer à température ambiante jusqu'à ce qu'il soit assez mou pour être retiré, environ 10 minutes. Verser la paille dans un bol moyen. Battre jusqu'à consistance lisse et homogène. Ajouter la purée de fraise. Ajouter rapidement le vin et fouetter jusqu'à ce que le mélange soit crémeux et lisse. Verser dans des verres refroidis. Garnir de fraises ou de tranches de citron et servir immédiatement.

crème glacée"

glace à la crème

Donne 6 à 8 portions

Un soupçon de citron dans cette crème glacée légère et fraîche. J'aime le faire quand les fraises locales sont en saison et les servir ensemble.

3 tasses de lait entier

4 gemmes

deux/3 tasse de sucre

1 cuillère à café d'extrait de vanille pure

1 cuillère à café de zeste de citron

1. Dans une casserole moyenne, chauffer le lait à feu moyen jusqu'à ce que de petites bulles se forment sur le pourtour de la casserole. Ne faites pas bouillir le lait. Retirer du feu.

deux. Dans un bol résistant à la chaleur, battre les jaunes d'œufs et le sucre jusqu'à épaississement et bien mélanger. Ajouter le lait chaud, lentement au début, et fouetter constamment jusqu'à ce que tout le lait soit mélangé. Ajouter le zeste de citron.

3. Reversez le mélange dans le moule. Placer la casserole à feu moyen. Cuire, en remuant constamment avec une cuillère en bois, jusqu'à ce que de la vapeur commence à monter de la casserole et que la crème épaississe légèrement, environ 5 minutes.

4. Verser la crème à travers une passoire à mailles dans un bol. Ajouter la vanille. Laisser refroidir légèrement, couvrir et réfrigérer jusqu'à refroidissement complet, environ 1 heure.

5. Congeler dans une sorbetière selon les instructions du fabricant. Emballez la crème glacée dans un récipient en plastique, couvrez et congelez jusqu'à 24 heures.

Glace au citron

Glace au citron

Donne 3 à 4 portions

Vous aurez besoin de deux à trois gros citrons pour obtenir suffisamment de jus et de zeste pour cette glace simple et délicieuse.

1 1/2 tasse de jus de citron fraîchement pressé

1 cuillère à soupe de zeste de citron frais

1 tasse de sucre

1 litre moitié-moitié

1. Dans un bol moyen, mélanger le jus de citron, le zeste et le sucre et bien mélanger. Laisser reposer 30 minutes.

deux. Ajouter moitié-moitié et bien mélanger. Versez le mélange dans le récipient d'une sorbetière et suivez les instructions du fabricant pour la congélation.

3. Emballez la crème glacée dans un récipient en plastique, couvrez et congelez jusqu'à 24 heures.

glace à la ricotta

glace à la ricotta

Donne 6 à 8 portions

La glace à la ricotta est l'une des saveurs préférées de Giolitti, l'un des excellents glaciers romains. Chaque nuit d'été, des foules immenses se rassemblent pour acheter des cônes remplis de leurs délicieux sundaes.

Quelques cuillères à soupe de chocolat haché ou de pistaches peuvent être ajoutées au mélange de crème glacée. Servez cette crème glacée riche en petites portions, arrosées d'un peu de liqueur d'orange ou de rhum si vous le souhaitez.

Les zestes d'orange et de cédrat confits sont disponibles dans les magasins spécialisés en Italie et au Moyen-Orient ou par correspondance.sources.

16 onces de ricotta fraîche, entière ou partiellement écrémée

1/2 tasse de sucre

2 cuillères à soupe de Marsala doux ou sec

1 cuillère à café d'extrait de vanille pure

1/2 tasse de crème froide ou crème fouettée

2 cuillères à soupe de cidre haché

2 cuillères à soupe de zeste d'orange confite haché

1. Au moins 20 minutes avant de réaliser le dessert, placez un grand saladier et les batteurs au réfrigérateur. Placer la ricotta dans une passoire à mailles fines au-dessus d'un bol. À l'aide d'une spatule en caoutchouc, poussez la ricotta à travers la passoire et dans le bol. Incorporer le sucre, le Marsala et la vanille.

deux. Sortir le bol et les fouets du réfrigérateur. Versez la crème dans le bol et battez la crème à haute vitesse jusqu'à ce qu'elle garde doucement sa forme lorsque les batteurs sont levés, environ 4 minutes.

3. À l'aide d'une spatule souple, incorporer la crème, le cidre et les zestes au mélange de ricotta. Verser le mélange dans le bol d'une sorbetière et congeler selon les instructions du fabricant.

4. Emballez la crème glacée dans un récipient en plastique, couvrez et congelez jusqu'à 24 heures.

glace au mascarpone

glace au mascarpone

Donne 4 portions

Le mascarpone le rend plus riche que la crème glacée ordinaire.

1 tasse de lait entier

1 tasse de sucre

1/2 tasse de mascarpone

1/2 tasse de jus de citron fraîchement pressé

1 cuillère à café de zeste de citron

1. Dans une petite casserole, mélanger le lait et le sucre. Cuire à feu doux, en remuant constamment, jusqu'à ce que le sucre se dissolve, environ 3 minutes. Laissez refroidir un peu.

deux. Ajouter le mascarpone et battre jusqu'à consistance lisse. Ajouter le jus et le zeste de citron.

3. Congeler dans une sorbetière selon les instructions du fabricant.

4. Emballez la crème glacée dans un récipient en plastique, couvrez et congelez jusqu'à 24 heures.

glace à la cannelle

glace à la cannelle

Donne 6 portions

Un été en Italie il y a quelques années, cette glace faisait fureur servie avecSauce piquante aux fruits rouges, et heureusement mangé plusieurs fois. La glace est délicieuse seule, ou essayez-la avecsauce moka.

2 tasses de lait entier

1 tasse de crème de lait

1 (2 pouces) bande de zeste de citron

1/2 cuillère à café de cannelle en poudre

4 gros joyaux

1/2 tasse de sucre

1. Dans une casserole moyenne, mélanger le lait, la crème, le zeste de citron et la cannelle. Chauffer à feu doux jusqu'à ce que de petites bulles se forment sur les bords. Retirer du feu.

deux. Dans un grand bol résistant à la chaleur, battre les jaunes d'œufs et le sucre jusqu'à consistance mousseuse. Verser progressivement le lait chaud dans le mélange de jaunes d'œufs en battant jusqu'à homogénéité.

3. Reversez le mélange dans le moule. Placer la casserole à feu moyen. Cuire, en remuant constamment avec une cuillère en bois, jusqu'à ce que de la vapeur commence à monter de la casserole et que la crème épaississe légèrement, environ 5 minutes.

4. Verser la crème à travers une passoire à mailles dans un bol. Laissez refroidir. Couvrir et réfrigérer pendant au moins 1 heure ou toute la nuit. (Pour refroidir rapidement le mélange de crème, versez-le dans un bol à l'intérieur d'un bol plus grand rempli d'eau glacée. Remuez fréquemment le mélange.)

5. Congelez le mélange dans un congélateur à crème glacée selon les instructions du fabricant. Emballez la crème glacée dans un récipient en plastique, couvrez et congelez jusqu'à 24 heures.

Espresso Ice Cream

Glace au café

Donne 6 à 8 portions

À la maison, la plupart des Italiens préparent du café dans une casserole spécialement conçue sur la cuisinière. Il pousse de la vapeur chaude, et non de l'eau chaude, à travers le café, et c'est ce qui fait un expresso classique.

Mais vous pouvez faire du bon café à partir de grains d'espresso dans une cafetière ordinaire. Assurez-vous simplement d'utiliser un expresso de bonne qualité et de le rendre fort, en particulier pour cette crème glacée. Il est céleste couronné dechocolat chaud.

2 tasses de lait entier

deux/3 tasse de sucre

3 gros joyaux

1 tasse de café expresso fort

1. Dans une petite casserole, chauffer le lait avec le sucre jusqu'à ce que de petites bulles se forment sur les bords, environ 3 minutes. Remuer jusqu'à ce que le sucre se dissolve.

deux. Dans un grand bol résistant à la chaleur, battre les jaunes d'œufs jusqu'à ce qu'ils soient jaune pâle. Ajouter progressivement le lait chaud. Verser le mélange dans le moule. Cuire à feu doux, en remuant constamment avec une cuillère en bois, jusqu'à ce que de la vapeur monte de la surface et que le mélange épaississe légèrement. Versez immédiatement le mélange à travers un tamis à mailles fines dans un bol. Ajouter le café infusé. Couvrir et réfrigérer pendant au moins 1 heure.

3. Congelez le mélange dans un congélateur à crème glacée selon les instructions du fabricant. Emballez la crème glacée dans un récipient en plastique, couvrez et congelez jusqu'à 24 heures.

Glace Noix et Caramel

Gelato di Noci

Donne 6 portions

Versez un peu de rhum ou de brandy sur ce sorbet avant de servir.

1 1/4 tasses de sucre

1 1/4 tasse d'eau

1 tasse de crème de lait

2 tasses de lait entier

5 gros joyaux

1 cuillère à café d'extrait de vanille pure

3 1/4 tasse de noix

1. Dans une petite casserole à fond épais, mélanger le sucre et l'eau. Cuire à feu moyen, en remuant de temps en temps, jusqu'à ce que le sucre soit complètement dissous, environ 3 minutes. Lorsque le mélange commence à bouillir, arrêtez de remuer et faites cuire jusqu'à ce que le sirop commence à dorer sur les bords. Ensuite, remuez doucement la casserole sur le feu jusqu'à

ce que le sirop soit d'une couleur brun doré uniforme, environ 2 minutes de plus.

deux. Retirez la casserole du feu. Lorsqu'il s'arrête de bouillonner, versez délicatement la crème. Attention, le caramel peut faire des bulles. Lorsque toute la crème a été ajoutée, le caramel va durcir. Remettre la casserole sur le feu. Cuire, en remuant constamment, jusqu'à ce que le caramel soit liquide et lisse. Verser le mélange dans un grand bol.

3.Dans la même casserole, chauffer le lait jusqu'à ce que de petites bulles se forment sur le pourtour de la casserole, environ 3 minutes.

4.Dans un bol moyen résistant à la chaleur, battre les jaunes d'œufs avec le 1/4 tasse de sucre restant jusqu'à homogénéité. Ajouter progressivement le lait chaud. Versez le mélange dans la casserole et faites cuire à feu doux, en remuant constamment, jusqu'à ce que de la vapeur monte de la surface et que le mélange soit légèrement épais.

5.Versez immédiatement le mélange de jaunes d'œufs à travers un tamis à mailles fines dans le bol avec le caramel. Ajouter la vanille et remuer jusqu'à consistance lisse. Couvrir et réfrigérer pendant au moins 1 heure.

6. Placer une grille au centre du four. Préchauffer le four à 350 ° F. Étaler les noix dans une petite casserole. Cuire au four, en remuant une ou deux fois, pendant 10 minutes ou jusqu'à ce qu'ils soient légèrement dorés. Frottez les morceaux de noix avec une serviette pour enlever une partie de la peau. Laissez refroidir. Couper en gros morceaux.

7. Congelez le mélange dans un congélateur à crème glacée selon les instructions du fabricant.

8. Lorsque la glace est prête, ajouter les noix. Emballez la crème glacée dans un récipient en plastique, couvrez et congelez jusqu'à 24 heures.

Glace au miel et nougat

Gelato di Miele al Torrone

Donne 6 portions

Les Italiens adorent le miel, surtout s'il est fabriqué par des abeilles qui pollinisent des fleurs odorantes et des arbres comme la lavande et le châtaignier. Le miel est étalé sur du pain grillé, arrosé de fromage et utilisé en cuisine. Cette crème glacée prend la saveur du type de miel utilisé, alors cherchez-en une qui a une saveur intéressante.

Il existe deux types de nougat en Italie. L'un est un bonbon de nougat plus doux à base de miel, de blancs d'œufs et de noix. L'autre type, facile à faire à la maison (voircroquant aux amandes), est une praline dure à base de sucre, d'eau et de noix. Les deux types de nougat sont également vendus sur des bâtonnets et peuvent être trouvés dans les épiceries et les pâtisseries italiennes, en particulier aux alentours de Noël.

La garniture au nougat est facultative, mais très bonne. Les doux et les durs peuvent être utilisés.

2 tasses de lait entier

4 gros joyaux

1/2 tasse de miel

1 tasse de crème de lait

Environ 6 cuillères à soupe de rhum ou de brandy

1/2 tasse de nougat finement haché (facultatif)

1. Dans une casserole moyenne, chauffer le lait à feu doux jusqu'à ce que de petites bulles se forment autour du bord de la casserole, environ 3 minutes.

deux. Dans un grand bol résistant à la chaleur, battre les jaunes d'œufs et le miel jusqu'à consistance lisse. Ajouter progressivement le lait chaud. Versez le mélange dans la casserole et placez à feu doux, en remuant constamment, jusqu'à ce que de la vapeur monte de la surface et que le mélange épaississe légèrement.

3. Versez immédiatement le mélange à travers un tamis à mailles fines dans un bol. Ajouter la crème. Couvrir et réfrigérer jusqu'à refroidissement, environ 1 heure.

4. Congelez le mélange dans un congélateur à crème glacée selon les instructions du fabricant. Emballez la glace dans un récipient

en plastique. Couvrir et congeler jusqu'à 24 heures. Servir chaque portion garnie d'une cuillerée de rhum ou de brandy et d'un trait de nougat concassé.

Glace Amaretti

Glace Amaretti

Donne 6 à 8 portions

Les Italiens raffolent des amaretti, ces biscuits aux amandes légers et croquants, seuls ou dans leurs desserts. Des éclats de biscuits amaretti croustillants garnissent cette crème glacée. Servir avec un peu de liqueur d'amaretto.

2 tasses de lait entier

4 gros joyaux

1/2 tasse de sucre

1 tasse de crème de lait

1 cuillère à café d'extrait de vanille pure

1 tasse de biscuits amaretti grossièrement hachés

1. Faire chauffer le lait dans une grande casserole à feu doux jusqu'à ce que de petites bulles se forment sur les bords, environ 3 minutes.

deux. Dans un grand bol résistant à la chaleur, battre les jaunes d'œufs et le sucre jusqu'à ce qu'ils soient bien mélangés. Ajouter le lait chaud petit à petit en remuant constamment. Lorsque tout le lait a été ajouté, versez le mélange dans la casserole. Cuire à feu moyen, en remuant constamment, jusqu'à ce que de la vapeur s'élève de la surface et que le mélange épaississe légèrement.

3. Versez immédiatement le mélange à travers un tamis à mailles fines dans un bol. Ajouter la crème sure et la vanille. Couvrir et réfrigérer jusqu'à refroidissement, environ 1 heure.

4. Congelez la crème glacée dans une sorbetière en suivant les instructions du fabricant. Quand c'est congelé, ajouter les miettes. Emballez la crème glacée dans un récipient en plastique, couvrez et congelez jusqu'à 24 heures.

Glace "noyée"

Gelato Affogato

Donne 4 portions

N'importe quelle saveur de crème glacée peut être "noyée" dans un expresso chaud, mais les noix de pécan et la crème caramel sont deux de mes préférées. La crème glacée fond légèrement, créant une sauce crémeuse. Vous pouvez omettre la liqueur si vous le souhaitez.

4 cuillères à soupebonbons aux noixn'importe quelcrème glacée"

1 1/2 tasse de café expresso chaud

2 cuillères à soupe de liqueur d'orange ou d'amaretto (facultatif)

1. Préparez la glace, si nécessaire. Mettre la glace dans deux bols.

deux. Si vous utilisez de la liqueur, dans un petit bol, mélanger l'espresso et la liqueur et verser le mélange sur la crème glacée. Sers immédiatement.

Glace au vinaigre balsamique

glace balsamique

Donne 4 portions

La crème glacée et le vinaigre peuvent sembler être une combinaison étrange, et ce serait le cas si elle était faite avec du vinaigre balsamique ordinaire. Pour ce dessert unique, populaire à Parme, seul le balsamique vieilli le plus fin doit être utilisé comme une sauce onctueuse et légèrement astringente sur une crème glacée sucrée. L'assortiment du supermarché serait trop pointu.

4 boules de crème glacée à la vanille ou de yogourt glacé de première qualité, oucrème glacée", lissé

2 à 3 cuillères à café de vinaigre balsamique bien vieilli

> Préparez la glace, si nécessaire. Disposer la glace sur des assiettes de service. Arroser de vinaigre balsamique. Sers immédiatement.

truffes surgelées

tartufo

Donne 6 portions

Depuis mon premier voyage en Italie en 1970, je n'ai pas pu aller à Rome sans un bref arrêt chez Tre Scalini sur la Piazza Navona pour une truffe. Ce café populaire est connu depuis des années pour ses délicieuses truffes glacées, des boules de crème glacée enveloppées de riches flocons de chocolat autour d'un cœur de cerise acidulé. Les truffes surgelées sont faciles à préparer à la maison et constituent un dessert festif. Assurez-vous simplement de tout garder au froid et de travailler rapidement. Une grande cuillère à crème glacée avec un levier de libération de crème glacée à ressort est le meilleur outil pour cela.

4 onces de pépites de chocolat mi-sucré

6 cerises italiennes au sirop (cerises Amarena, disponibles en bocaux) ou cerises au marasquin mélangées à un peu de cognac

2 cuillères à soupe d'amandes hachées

1 litre de glace à la vanille

1 litre de glace au chocolat

1. Tapisser une petite plaque à pâtisserie en métal de papier parchemin et placer au congélateur. Couvrir une plaque à pâtisserie de papier d'aluminium.

deux. Dans la moitié inférieure d'un bain-marie ou d'une casserole moyenne, porter à ébullition 2 pouces d'eau. Placer les pépites de chocolat dans la moitié supérieure du bain-marie ou dans un bol qui s'adapte parfaitement au-dessus de la casserole. Laisser reposer le chocolat jusqu'à ce qu'il soit lisse, environ 5 minutes. Remuer jusqu'à consistance lisse. Grattez le chocolat fondu sur une feuille tapissée de papier d'aluminium. Répartir le chocolat uniformément et finement sur la plaque. Réfrigérer jusqu'à consistance ferme, environ 1 heure.

3. Lorsque le chocolat est pris, soulevez la feuille de la casserole et cassez la feuille de chocolat en flocons de 1/2 pouce avec une spatule ou vos doigts. Répartir les flocons sur la plaque de cuisson.

4. Sortir la poêle froide du congélateur. Tremper une grosse boule de glace dans la glace à la vanille en la remplissant à moitié. Tremper la cuillère dans la glace au chocolat en la remplissant complètement. En tenant la glace sur la cuillère, faites un trou au centre et placez une des cerises et quelques amandes. Mouler la glace sur la garniture. Déposez la boule de glace sur les copeaux

de chocolat et roulez la glace rapidement en pressant le chocolat contre la surface. À l'aide d'une spatule en métal pour le soulever, transférez la crème glacée enrobée dans la poêle froide. Remettre le moule au congélateur.

5. Réalisez 5 autres truffes glacées de la même manière. Couvrir les truffes et la plaque à pâtisserie d'une pellicule plastique avant de remettre la plaque à pâtisserie au congélateur. Congeler au moins 1 heure ou jusqu'à 24 heures avant de servir.

Coupes de crème d'amande

tortoni aux biscuits

Donne 8 portions

Quand je grandissais, c'était le dessert standard des restaurants italiens, un peu comme le tiramisu depuis 15 ans. Bien qu'il soit peut-être démodé, il est toujours délicieux et facile à préparer.

Pour un dessert plus sophistiqué, versez le mélange dans des verres à parfait ou des ramequins. Les cerises au marasquin ajoutent une touche de couleur, mais vous pouvez les laisser de côté si vous préférez.

2 tasses de crème froide ou crème fouettée

1/2 tasse de sucre glace

2 cuillères à café d'extrait de vanille pure

1/2 cuillère à café d'extrait d'amande

2 blancs d'œufs, à température ambiante

pincée de sel

8 cerises au marasquin, égouttées et hachées (facultatif)

2 cuillères à soupe d'amandes grillées finement hachées

12 à 16 biscuits amaretti italiens importés, finement écrasés (environ 1 tasse de chapelure)

1. Au moins 20 minutes avant de fouetter la crème, placez un grand saladier et les batteurs au réfrigérateur. Tapisser un moule à muffins de 8 moules à muffins en papier plissé ou en papier d'aluminium.

deux. Sortir le bol et les fouets du réfrigérateur. Versez la crème, le sucre et les extraits dans le bol et battez le mélange à grande vitesse jusqu'à ce qu'il garde sa forme uniforme lorsque les batteurs sont levés, environ 4 minutes. Refroidir la crème fouettée.

3. Dans un grand bol propre avec des batteurs propres, battre les blancs d'œufs avec le sel à basse vitesse jusqu'à consistance mousseuse. Augmentez progressivement la vitesse et battez jusqu'à ce que les blancs aient des pics mous lorsque les batteurs sont levés. À l'aide d'une spatule souple, incorporer délicatement les blancs d'œufs à la crème fouettée.

4. Réserver 2 cuillères à soupe de miettes d'amaretti. Incorporer le reste de la chapelure, des cerises et des amandes au mélange de

crème. Verser dans les moules à muffins préparés. Saupoudrer de la chapelure d'amaretti réservée.

5. Couvrir de papier d'aluminium et congeler au moins 4 heures ou jusqu'au lendemain. Sortir du réfrigérateur 15 minutes avant de servir.

mousse orange

Spumone di Arancia

Donne 6 portions

Spumone vient de spuma, qui signifie « mousse ». Elle a une texture plus crémeuse que la crème glacée ordinaire car les jaunes sont cuits avec le sirop de sucre chaud pour former une crème épaisse. Bien qu'il soit riche en jaune d'œuf, il est léger et aéré grâce à la mousse d'œuf et à la crème fouettée.

3 oranges navel

1 tasse d'eau

[3]1/4 tasse de sucre

6 grosses gemmes

1 tasse de crème froide ou crème fouettée

1. Râper le zeste des oranges et presser le jus. (Il devrait y avoir 3 cuillères à soupe de zeste et 2/3 tasse de jus.)

deux. Dans une casserole moyenne, mélanger l'eau et le sucre. Porter à ébullition à feu moyen et cuire, en remuant de temps en temps, jusqu'à ce que le sucre se dissolve.

3.Dans un grand bol résistant à la chaleur, battre les jaunes d'œufs jusqu'à homogénéité. Ajouter lentement le sirop de sucre chaud en un mince filet en remuant constamment. Versez le mélange dans la casserole et faites cuire à feu doux en remuant avec une cuillère en bois, jusqu'à ce qu'il épaississe légèrement et que le mélange nappe légèrement la cuillère.

4.Verser le mélange à travers un tamis à mailles fines dans un bol. Ajouter le jus et le zeste d'orange. Laisser refroidir, couvrir et réfrigérer jusqu'à refroidissement, au moins 1 heure. Placer un grand bol et les batteurs d'un batteur électrique au réfrigérateur.

5.Juste avant de servir, sortez le bol et les fouets du réfrigérateur. Versez la crème dans le bol et battez la crème à haute vitesse jusqu'à ce qu'elle garde doucement sa forme lorsque les batteurs sont levés, environ 4 minutes. A l'aide d'une spatule souple, incorporer délicatement la crème au mélange d'oranges.

6. Congeler dans un congélateur à crème glacée selon les instructions du fabricant. Mettre dans un récipient, couvrir et congeler. Servir dans les 24 heures.

semifreddo aux amandes

Semifreddo alle Mandorle

Donne 8 portions

Semifreddo signifie « à moitié froid ». Ce dessert tire son nom du fait que, même congelé, sa texture reste onctueuse et crémeuse. Il fond facilement, alors gardez-le très froid pendant la préparation.chocolat chaudc'est une bonne suite.

[3]1/4 tasse de crème froide ou crème fouettée

1 cuillère à café d'extrait de vanille pure

[3]1/4 tasse de sucre

[1]1/4 tasse d'eau

4 gros œufs, à température ambiante

6 biscuits amaretti finement hachés

2 cuillères à soupe d'amandes grillées finement hachées

2 cuillères à soupe d'amandes effilées

1. Tapisser un moule à pain en métal de 9 x 5 x 3 pouces avec une pellicule plastique, en laissant un surplomb de 2 pouces sur les bords. Réfrigérer le moule au congélateur. Au moins 20 minutes avant de fouetter la crème, placez un grand saladier et les batteurs au réfrigérateur.

deux. Lorsque vous êtes prêt, sortez le bol et les mélangeurs du réfrigérateur. Versez la crème et la vanille dans le bol et battez la crème à haute vitesse jusqu'à ce qu'elle garde sa forme lorsque les batteurs sont levés, environ 4 minutes. Remettez le bol au réfrigérateur.

3. Dans une petite casserole, mélanger le sucre et l'eau. Porter à ébullition à feu moyen et cuire, en remuant de temps en temps, jusqu'à ce que le sucre soit complètement dissous, environ 2 minutes.

4. Dans un grand bol, battre les œufs au batteur électrique à vitesse moyenne jusqu'à consistance mousseuse, environ 1 minute. Battez lentement le sirop de sucre chaud dans les œufs en un mince filet. Continuez à battre jusqu'à ce que le mélange soit très léger, mousseux et froid au toucher, 8 à 10 minutes.

5. À l'aide d'une spatule souple, incorporer délicatement la crème fouettée au mélange d'œufs. Incorporer délicatement la chapelure de biscuits et les amandes hachées.

6. Verser le mélange dans le moule à pain préparé. Couvrir hermétiquement d'une pellicule plastique et congeler pendant 4 heures à toute la nuit.

7. Déballez le moule. Renverser une assiette de service sur le dessus de la poêle. En tenant l'assiette et le moule ensemble, retournez-les. Soulevez le moule et retirez délicatement le film plastique. Parsemer d'amandes effilées.

8. Couper en tranches et servir immédiatement.

Gâteau Florentin Dôme Surgelé

Courgette

Donne 8 portions

Inspiré du dôme du magnifique Duomo, la cathédrale au cœur de Florence, ce dessert impressionnant est assez facile à préparer, en partie parce qu'il utilise du gâteau préparé.

1 (12 oz) gâteau livre

2 cuillères à soupe de rhum.

2 cuillères de liqueur d'orange

farci

1 litre de crème ou chantilly

¼ tasse de sucre glace, plus plus pour la garniture

1 cuillère à café d'extrait de vanille pure

4 onces de chocolat mi-sucré, haché finement

2 cuillères à soupe d'amandes effilées, grillées et refroidies

fruits frais (facultatif)

1. Au moins 20 minutes avant de fouetter la crème, placez un grand saladier et les batteurs au réfrigérateur. Tapisser un bol rond ou une casserole de 2 pintes d'une pellicule plastique. Couper le gâteau en tranches d'au plus 1/4 de pouce d'épaisseur. Coupez chaque tranche en deux en diagonale, formant deux morceaux triangulaires, et disposez-les sur un plat.

deux. Dans un petit bol, mélanger le rhum et la liqueur et saupoudrer le mélange sur le gâteau. Placez autant de morceaux de gâteau que nécessaire, côte à côte, pointe vers le bas, dans le bol pour former une couche. Couvrir la surface intérieure restante du bol avec le gâteau restant, en coupant des morceaux pour les ajuster au besoin. Remplissez les trous avec des morceaux de gâteau. Réservez le gâteau restant pour le dessus.

3. Préparez la garniture : Sortez le bol et le mixeur du réfrigérateur. Verser la crème dans le bol. Ajouter le sucre glace et la vanille. Battre à haute vitesse jusqu'à ce que la crème garde sa forme uniforme lorsque les fouets sont levés, environ 4 minutes. Incorporer délicatement le chocolat et les amandes.

4. Verser le mélange de crème dans le moule en prenant soin de ne pas déranger le gâteau. Disposez les tranches de gâteau restantes en une seule couche sur le dessus. Couvrir

hermétiquement d'une pellicule plastique et congeler le moule pendant 4 heures pendant la nuit.

5. Pour servir, retirer la pellicule plastique et renverser une assiette de service au-dessus d'un bol. En tenant l'assiette et le bol ensemble, inversez. Prenez le bol. Retirer le film plastique et saupoudrer de sucre glace. Disposer les baies autour du gâteau. Couper en morceaux pour servir.

Sauce mascarpone au miel

mascarpone

Donne 2 tasses

Servez-le sur des fruits frais ou dansgâteau aux noix de marsala.

1/2 tasse de mascarpone

3 cuillères de miel

1/2 cuillère à café de zeste de citron

1 tasse de crème froide, fouettée

Dans un grand bol, battre le mascarpone, le miel et le zeste de citron jusqu'à consistance lisse. Ajouter la crème fouettée. Sers immédiatement.

Sauce fraîche

Persil de Fragole

Donne 1 1/2 tasses

Les framboises peuvent également être préparées de cette façon. Si vous utilisez des framboises, filtrez la sauce pour enlever les pépins.

1 litre de fraises fraîches, lavées et épluchées

3 cuillères à soupe de sucre ou au goût

1/4 tasse de jus d'orange frais

2 cuillères à soupe de liqueur d'orange, de cassis ou de rhum léger

Dans un robot culinaire ou un mélangeur, combiner tous les ingrédients. Battre jusqu'à obtenir une consistance lisse. Servir ou transférer dans un récipient hermétique et conserver au réfrigérateur jusqu'à 24 heures.

Sauce piquante aux fruits rouges

Salsina Calda di Frutti di Bosco

Donne environ 2 1/2 tasses

Cette sauce est excellente pour les glaces citron, mascarpone, cannelle ou "crème" ou gâteau nature.

4 tasses de fruits frais mélangés, comme des bleuets, des fraises, des framboises et des mûres

1/4 tasse d'eau

1/4 tasse de sucre ou plus

1. Lavez les baies et retirez la peau ou les tiges. Couper les fraises en deux ou en quatre si elles sont grosses.

deux. Dans une casserole moyenne, mélanger les baies, l'eau et le sucre. Porter à ébullition à feu moyen. Cuire, en remuant de temps en temps, jusqu'à ce que les baies soient lisses et que le jus soit légèrement épais, environ 5 minutes. Goûtez et ajoutez plus de sucre si nécessaire. Retirer du feu et laisser refroidir légèrement. Servir ou transférer dans un récipient hermétique et conserver au réfrigérateur jusqu'à 24 heures.

Sauce aux framboises toute l'année

sauce lampone

Donne environ 2 tasses

Même lorsque les baies ne sont pas de saison, vous pouvez toujours préparer une délicieuse trempette au goût frais. La saveur et la couleur de la framboise se marient particulièrement bien avec les desserts et les gâteaux aux amandes et au chocolat. Pour un dessert simple mais beau, arrosez également cette sauce et quelques fruits frais sur de fines tranches de melon.

La sauce peut également être préparée avec des myrtilles ou des fraises congelées ou une combinaison de baies. Si vous ne trouvez pas de baies dans le sirop, utilisez des baies non sucrées et ajoutez du sucre au goût.

2 paquets (10 onces) de framboises surgelées au sirop, partiellement décongelées

1 cuillère à café de fécule de maïs mélangée à 2 cuillères à soupe d'eau

Environ 1 cuillère à café de jus de citron frais

1. Passer les baies dans un hachoir muni d'une lame fine ou réduire en purée dans un robot culinaire et filtrer à travers un tamis à mailles fines.

deux. Portez la purée à ébullition dans une petite casserole. Ajouter le mélange de fécule de maïs et cuire, en remuant constamment, jusqu'à ce qu'il épaississe légèrement, environ 1 minute. Ajouter le jus de citron. Laissez refroidir un peu. Servir ou transférer dans un récipient hermétique et conserver au réfrigérateur jusqu'à 3 jours.

chocolat chaud

Sauce Calda au Cioccolato

Donne environ 1 1/2 tasses

L'espresso intensifie la saveur chocolatée de cette délicieuse sauce, mais vous pouvez l'omettre si vous préférez. Servir avec de la crème glacée, des semi-frio ou des gâteaux simples ; Il accompagne une grande variété de desserts.

8 onces de chocolat noir ou mi-sucré, haché

1 tasse de crème de lait

Placer le chocolat et la crème dans un bain-marie ou dans un bol résistant à la chaleur au-dessus d'une casserole d'eau bouillante. Laisser reposer jusqu'à ce que le chocolat ramollisse. Remuer jusqu'à consistance lisse. Servir chaud ou transférer dans un récipient hermétique et conserver au réfrigérateur jusqu'à 3 jours. Réchauffer doucement.

Sauce moka piquante : Ajouter 1 cuillère à café de poudre de café instantané au chocolat.

Langue de chat

saboiardi

donne 4 douzaines

Ces biscuits légers et croquants, appelés Savoiardi, portent le nom de la maison royale de Savoie qui a régné sur la région du Piémont du XVe siècle et sur toute l'Italie de 1861 jusqu'à la Seconde Guerre mondiale. Ce sont de parfaits biscuits pour le thé et se marient très bien avec de la glace ou des fruits, mais ils peuvent également être utilisés dans des desserts composés comme le tiramisu.

La fécule de pomme de terre est utilisée pour faire des biscuits croustillants et légers. Vous pouvez trouver de la fécule de pomme de terre dans de nombreux supermarchés, ou vous pouvez la remplacer par de la fécule de maïs.

4 gros œufs, à température ambiante

deux/3 tasse de sucre

2 cuillères à café d'extrait de vanille pure

1 1/2 tasse de farine de blé

1 1/4 tasse de fécule de pomme de terre

pincée de sel

1. Préchauffer le four à 400 ° F. Graisser et fariner 3 grandes plaques à pâtisserie.

deux. Séparez les oeufs. Dans un grand bol, à l'aide d'un batteur électrique à vitesse moyenne, battre les jaunes d'œufs avec 1/3 tasse de sucre et la vanille jusqu'à consistance épaisse et jaune pâle, environ 7 minutes.

3. Dans un grand bol propre avec des batteurs propres, battre les blancs d'œufs avec une pincée de sel à basse vitesse jusqu'à consistance mousseuse. Augmentez la vitesse à haute et ajoutez graduellement le 1/3 de tasse de sucre restant. Battre jusqu'à ce que les blancs forment des pics mous lorsque les fouets sont levés, environ 5 minutes.

4. À l'aide d'une spatule en caoutchouc, incorporer environ 1/3 des blancs aux jaunes pour les diluer. Incorporer petit à petit les blancs d'œufs restants.

5. Mettre la farine et la fécule dans une petite passoire fine. Secouez le tamis sur les œufs et mélangez doucement mais soigneusement les ingrédients secs.

6. Placez la pâte dans une grande poche à douille munie d'une douille de 1/2 pouce ou un sac en plastique résistant avec un coin coupé. (Ne remplissez pas le sac à plus de la moitié.) Versez la pâte dans les plaques à pâtisserie, en formant des bûches de 3 × 1 pouce à environ 1 pouce d'intervalle.

7. Préparez plusieurs grilles de refroidissement en fil métallique. Cuire les biscuits pendant 10 à 12 minutes, ou jusqu'à ce qu'ils soient dorés et fermes lorsqu'on les tape légèrement au centre.

8. Transférer les plaques à pâtisserie sur des grilles de refroidissement. Refroidir les biscuits pendant 2 minutes sur les plaques à pâtisserie, puis transférer sur des grilles pour refroidir complètement. Conserver dans un récipient hermétique à température ambiante jusqu'à 2 semaines.

biscuits à la semoule

canestrelli

a 36 ans

Canistrelli signifie "petits paniers". Croustillants et beurrés, ces biscuits liguriens sont fabriqués avec de la semoule, ce qui leur donne une couleur crémeuse et une texture légèrement sableuse.

La semoule est du blé dur doré pâle et dur qui a été moulu pour avoir une texture semblable à du sable. La semoule peut être fine ou grossière. La semoule fine est souvent étiquetée farine de semoule ou farine de pâtes. Il est souvent utilisé pour faire du pain, surtout en Sicile, et certains types de pâtes et de gnocchi, comme leGnocchis romains à la semoule. Le gruau peut être acheté dans de nombreux supermarchés, magasins d'aliments naturels et marchés ethniques ou àsources de vente par correspondance.

12/3 tasses de farine tout usage

[1]1/2 tasse de semoule fine

[1]1/2 cuillère à café de sel

1 tasse (2 bâtonnets) de beurre non salé, à température ambiante

[1]1/2 tasse de sucre glace

1 œuf large

1. Dans un grand bol, tamiser la farine, la semoule et le sel.

deux. Dans un grand bol muni d'un batteur électrique, battre le beurre à vitesse moyenne jusqu'à consistance légère et mousseuse, environ 2 minutes. Ajouter le sucre et battre jusqu'à ce qu'il soit bien mélangé, environ 1 minute de plus. Battre l'œuf jusqu'à ce qu'il soit mélangé.

3. Ajouter les ingrédients secs et mélanger à basse vitesse jusqu'à ce qu'ils soient incorporés. (Ne pas trop mélanger.) Rassemblez la pâte en boule et enveloppez-la dans une pellicule plastique. Réfrigérer pendant 1 heure jusqu'à la nuit.

4. Préchauffer le four à 350 ° F. Graisser 2 grandes plaques à pâtisserie.

5. Sur une surface légèrement farinée, à l'aide d'un rouleau à pâtisserie, abaisser la pâte en un cercle de 9 pouces d'environ 1/4 de pouce d'épaisseur. À l'aide d'un biscuit ou d'un emporte-pièce, couper la pâte en cercles de 2 pouces. Placer sur des plaques à pâtisserie préparées à environ 1 pouce d'intervalle.

6. Préparez 2 grilles de refroidissement en fil métallique. Cuire au four pendant 13 minutes ou jusqu'à ce que les biscuits soient légèrement dorés sur les bords.

7. Transférer les plaques à pâtisserie sur des grilles de refroidissement. Laisser refroidir les biscuits pendant 5 minutes sur les plaques à pâtisserie, puis transférer sur des grilles pour refroidir complètement. Conserver dans un récipient hermétique jusqu'à 2 semaines.

Bagues Vin Santo

Ciambelline al Vin Santo

donne environ 4 douzaines

Vin Santo est un vin de dessert sec de Toscane. Il est généralement servi en accompagnement des biscuits à tremper, mais ici c'est le principal ingrédient aromatisant des biscuits en forme d'anneaux. Ils sont fabriqués avec de l'huile d'olive et n'utilisent ni œufs ni beurre. Le vin santo donne aux biscuits une subtile saveur de vin, tandis que la texture est douce et friable. La recette m'a été donnée par le cuisinier de la cave Selvapiana en Toscane.

2 1/2 tasses de farine tout usage

1 1/2 tasse de sucre

1 1/2 tasse d'huile d'olive extra vierge

1 1/2 tasse de vin santo

1. Préchauffer le four à 350 ° F. Préparer 2 grandes plaques à pâtisserie non graissées.

deux. Dans un grand bol, à l'aide d'une cuillère en bois, mélanger la farine et le sucre. Ajouter l'huile d'olive et le vin et remuer jusqu'à consistance lisse et bien mélangée. Façonner la pâte en boule.

3. Diviser la pâte en 6 sections. Couper une section en 8 morceaux. Roulez chaque morceau entre vos paumes en une bûche de 4 × 1/2 pouces. Façonner le tronc en anneau, en pinçant les bords pour sceller. Répéter avec le reste de la pâte, en plaçant les anneaux à 1 pouce d'intervalle sur les plaques à pâtisserie.

4. Préparez 2 grilles de refroidissement en fil métallique. Cuire les anneaux pendant 20 minutes ou jusqu'à ce qu'ils soient dorés.

5. Transférer les plaques à pâtisserie sur des grilles. Laisser refroidir les biscuits pendant 5 minutes sur les plaques à pâtisserie, puis transférer sur des grilles pour refroidir complètement. Conserver dans un récipient hermétique jusqu'à 2 semaines.

Biscuits Marsala

Biscuits au Marsala

donne 4 douzaines

La saveur chaude et ensoleillée du Marsala rehausse ces biscuits siciliens. Vous pouvez utiliser du Marsala sec ou sucré. Assurez-vous de les servir avec un verre du même vin. Ils sont similaires aux anneaux de Vin Santo sur la gauche, bien que la texture soit plus légère et plus croustillante en raison des œufs et de la levure, et ils sont glacés avec du sucre.

21/2 tasses de farine tout usage

2 cuillères à café de levure chimique

1 cuillère à café de sel

1 tasse de sucre

1/2 tasse de marsala sec ou sucré

2 gros oeufs

1/4 tasse d'huile d'olive extra vierge

1 cuillère à café d'extrait de vanille pure

1. Préchauffer le four à 375 ° F. Graisser 2 grandes plaques à pâtisserie.

deux. Dans un grand bol, tamiser la farine, la poudre à pâte et le sel. Versez 1/2 tasse de sucre dans un petit bol et 1/4 tasse de Marsala dans un autre.

3. Dans un grand bol, battre les œufs et la 1/2 tasse de sucre restante jusqu'à homogénéité. Incorporer le 1/4 tasse de Marsala restant, l'huile et l'extrait de vanille. Avec une cuillère en bois, ajouter les ingrédients secs. Pétrir rapidement jusqu'à homogénéité et former une boule avec la pâte.

4. Diviser la pâte en 6 sections. Couper une section en 8 morceaux. Roulez chaque morceau entre vos paumes en une bûche de 4 × 1/2 pouces. Façonner le tronc en anneau, en pinçant les bords pour sceller. Répéter avec le reste de pâte.

5. Tremper le haut ou le bas de chaque anneau d'abord dans le vin puis dans le sucre. Placer les anneaux côté sucre vers le haut et à 1 pouce d'intervalle sur les plaques à pâtisserie préparées. Cuire au four de 18 à 20 minutes, ou jusqu'à ce qu'ils soient dorés. Préparez 2 grilles de refroidissement en fil métallique.

6. Transférer les plaques à pâtisserie sur des grilles. Laisser refroidir les biscuits pendant 5 minutes sur les plaques à

pâtisserie, puis transférer sur des grilles pour refroidir complètement. Conserver dans un récipient hermétique jusqu'à 2 semaines.

biscuits au vin de sésame

Biscuits au vin

donne 2 douzaines

Juste légèrement sucrés, avec une pointe épicée de poivre noir, ces biscuits napolitains sont parfaits pour grignoter avec un verre de vin et du fromage.

2 1/2 tasses de farine tout usage

1 1/2 tasse de sucre

1 1/2 cuillères à café de levure chimique

1 cuillère à café de sel

1 cuillère à café de poivre noir fraîchement moulu

1 1/2 tasse de vin rouge sec

1 1/2 tasse d'huile d'olive

1 blanc d'oeuf, battu jusqu'à consistance mousseuse

2 cuillères à soupe de graines de sésame

1. Préchauffer le four à 350 ° F. Préparer 2 grandes plaques à pâtisserie non graissées.

deux. Dans un grand bol, mélanger la farine, le sucre, la levure, le sel et le poivre. Ajouter le vin et l'huile d'olive et remuer jusqu'à ce qu'ils soient bien mélangés.

3. Façonner la pâte en boule. Diviser la pâte en 4 morceaux. Façonner chaque morceau en une bûche de 10 pouces. Aplatir légèrement les bûches. Badigeonner de blanc d'œuf et saupoudrer de graines de sésame.

4. Couper les bûches en morceaux de 3/4 pouces. Placez les morceaux à un pouce d'intervalle sur les plaques à pâtisserie. Cuire au four pendant 25 minutes ou jusqu'à ce qu'ils soient légèrement dorés.

5. Préparez 2 grandes grilles de refroidissement. Transférer les plaques à pâtisserie sur des grilles. Laisser refroidir les biscuits pendant 5 minutes sur les plaques à pâtisserie, puis transférer sur des grilles pour refroidir complètement. Conserver dans un récipient hermétique jusqu'à 2 semaines.

biscuits au sésame

Biscuit Régina

il y a 48 ans

Les Siciliens appellent ces biscuits regina, ou "reine", car ils sont si populaires. Bien qu'ils aient l'air assez simples, leur saveur de sésame grillé crée une dépendance. L'un mène invariablement à l'autre.

Recherchez des graines de sésame fraîches et décortiquées dans les marchés ethniques et les magasins d'aliments naturels. Ces biscuits étaient à l'origine faits avec du saindoux. Les cuisiniers siciliens d'aujourd'hui utilisent souvent de la margarine, mais je préfère une combinaison de beurre pour la saveur et de shortening pour adoucir.

4 tasses de farine de blé

1 tasse de sucre

1 cuillère de levure chimique

1 cuillère à café de sel

1/2 tasse (1 bâtonnet) de beurre non salé, à température ambiante

¹1/2 tasse de shortening végétal solide

2 gros œufs, à température ambiante

1 cuillère à café d'extrait de vanille pure

1 cuillère à café de zeste de citron

2 tasses de graines de sésame décortiquées

¹1/2 tasse de lait

1. Préchauffer le four à 375 ° F. Graisser et fariner deux grandes plaques à pâtisserie ou les tapisser de papier sulfurisé.

deux. Dans un grand bol d'un batteur électrique, mélanger la farine, le sucre, la levure et le sel. À basse vitesse, ajouter le beurre et le shortening un peu à la fois jusqu'à ce que le mélange ressemble à une chapelure grossière.

3. Dans un bol moyen, battre les œufs, la vanille et le zeste de citron. Incorporer le mélange d'œufs aux ingrédients secs jusqu'à consistance lisse et bien mélangée, environ 2 minutes. Couvrir la pâte d'une pellicule plastique et réfrigérer pendant 1 heure.

4. Répartir les graines de sésame sur une feuille de papier sulfurisé. Mettre le lait dans un petit bol à côté des graines de sésame.

5. Sortir la pâte du frigo. Prenez une portion de pâte de la taille d'une balle de golf et façonnez-la en une bûche de 2 1/2 pouces de long et 3/4 pouces de large. Faire tremper la bûche dans le lait puis la rouler avec les graines de sésame. Placer la bûche sur la plaque de cuisson et l'aplatir légèrement avec les doigts. Continuez avec le reste de la pâte en plaçant les bûches à un pouce d'intervalle.

6. Cuire au four de 25 à 30 minutes ou jusqu'à ce qu'ils soient dorés. Préparez 2 grandes grilles de refroidissement.

7. Transférer les plaques à pâtisserie sur des grilles. Laisser refroidir les biscuits pendant 5 minutes sur les plaques à pâtisserie, puis transférer sur des grilles pour refroidir complètement. Conserver dans un récipient hermétique jusqu'à 2 semaines.

gâteaux à l'anis

Les biscuits d'Anice

Il y a environ 3 douzaines

L'anis, membre de la même famille de plantes que le fenouil, le carvi et l'aneth, est considéré comme une aide à la digestion. Dans le sud de l'Italie, les graines d'anis sont utilisées pour aromatiser les liqueurs d'après-dîner telles que la Sambuca et l'anis, donnant à ces biscuits leur saveur caractéristique de réglisse. Pour une saveur plus prononcée, ajoutez une cuillère à café de fenouil à la pâte avant la cuisson.

2 gros œufs, à température ambiante

1 cuillère à soupe de liqueur d'anis ou d'extrait d'anis

1/2 tasse de sucre

1 tasse de farine de blé

2 cuillères de fécule de maïs

1 cuillère à café de levure en poudre

1. Placer une grille au centre du four. Préchauffer le four à 350 ° F. Graisser un plat de cuisson carré de 9 pouces. Tapisser le fond

de la poêle de papier sulfurisé. Beurrer et fariner le papier. Retirer l'excédent de farine.

deux. Dans un grand bol d'un batteur électrique, mélanger les œufs, la liqueur et le sucre. Commencez à battre les œufs à basse vitesse, en augmentant progressivement la vitesse jusqu'à la vitesse élevée. Continuer à battre les œufs jusqu'à ce qu'ils soient très pâles et mousseux et qu'ils aient triplé de volume, environ 5 minutes.

3. Mettre la farine, la fécule de maïs et la levure chimique dans un tamis à mailles fines. Secouez le tamis au-dessus du mélange d'œufs en incorporant progressivement les ingrédients secs à l'aide d'une spatule en caoutchouc. Attention à ne pas vider les oeufs.

4. Verser la pâte dans le moule préparé et lisser le dessus. Cuire au four de 20 à 25 minutes ou jusqu'à ce qu'ils soient fermes lorsqu'on les touche légèrement au centre et qu'ils soient dorés. Préparez une grande plaque à pâtisserie et une grande grille de refroidissement.

5. Retirez la plaque de cuisson du four, mais laissez le four allumé. Passez un petit couteau sur les bords du moule. Retourner le gâteau sur une planche à découper.

6. Augmentez la température du four à 375 ° F. À l'aide d'un long couteau dentelé, coupez la tarte en lanières de 3 pouces. Couper chaque bande transversalement en tranches de 3/4 pouces d'épaisseur. Disposer les tranches en une seule couche sur une grande plaque à pâtisserie. Cuire les tranches pendant 7 minutes ou jusqu'à ce qu'elles soient grillées et dorées.

7. Retirer les biscuits du four et transférer sur une grille pour refroidir. Conserver dans un récipient hermétiquement fermé jusqu'à 2 semaines.

oignon rôti

Ville du four

Donne 4 à 8 portions

Ces oignons sont doux et sucrés lorsqu'ils sont cuits; essayez-les avec du rôti de boeuf.

4 oignons blancs ou rouges moyens, pelés

½ tasse de chapelure sèche

¼ tasse de Parmigiano-Reggiano ou Pecorino Romano fraîchement râpé

2 cuillères à soupe d'huile d'olive

Sel et poivre noir fraîchement moulu

1. Porter une casserole moyenne d'eau à ébullition. Ajouter les oignons et réduire le feu pour porter l'eau à ébullition. Cuire 5 minutes. Laissez les oignons refroidir dans l'eau de la casserole. Égouttez les oignons et coupez-les en deux dans le sens de la largeur.

deux. Placer une grille au centre du four. Préchauffer le four à 350 ° F. Graisser un plat allant au four assez grand pour contenir les oignons en une seule couche. Placer les oignons dans la poêle avec le côté coupé vers le haut. Dans un petit bol, mélanger la chapelure, le fromage, l'huile d'olive et saler et poivrer au goût. Placer la chapelure sur les oignons.

3. Rôtir pendant 1 heure ou jusqu'à ce que les oignons soient dorés et tendres lorsqu'on les pique avec un couteau. Servez chaud ou à température ambiante.

Oignon au vinaigre balsamique

Cipolle au balsamique

Donne 6 portions

Le vinaigre balsamique complète la saveur sucrée et la couleur des oignons rouges. Ils se marient bien avec du porc rôti ou des côtelettes de porc.

6 oignons rouges moyens

6 cuillères à soupe d'huile d'olive extra vierge

3 cuillères de vinaigre balsamique

Sel et poivre noir fraîchement moulu

1. Placer une grille au centre du four. Préchauffer le four à 375 ° F. Tapisser une plaque à pâtisserie de papier d'aluminium.

deux. Lavez les oignons, mais ne les épluchez pas. Placer les oignons dans la poêle préparée. Faire rôtir les oignons pendant 1 à 1 1/2 heures, jusqu'à ce qu'ils soient tendres lorsqu'on les pique avec un couteau.

3. Coupez les extrémités des racines des oignons et retirez la peau. Coupez les oignons en quartiers et placez-les dans un bol. Ajouter l'huile, le vinaigre, le sel et le poivre au goût et remuer pour combiner. Servez chaud ou à température ambiante.

Oignon rouge confit

Confettura di Cipolle Rosse

Donne environ 1 litre

Tropea, sur la côte calabraise, est connue pour ses oignons rouges doux. Bien que les oignons rouges aux États-Unis soient plus épicés, vous pouvez toujours faire cette délicieuse confiture que nous avons mangée à Locanda di Alia à Castrovillari. La compote était servie avec des sardines dorées frites, mais elle se marie aussi bien avec du poulet grillé ou des côtelettes de porc. Je l'aime aussi comme assaisonnement avec un fromage acidulé comme le pecorino vieilli.

Une variante de la confiture comprend un peu de menthe fraîche hachée. Assurez-vous d'utiliser une casserole à fond épais et de garder la chaleur très basse pour empêcher les oignons de coller. Ajouter un peu d'eau s'ils sèchent trop vite.

1 1/4 livres d'oignon rouge, haché finement

1 verre de vin rouge sec

1 cuillère à café de sel

2 cuillères à soupe de beurre non salé

1 cuillère de vinaigre balsamique

1 ou 2 cuillères à soupe de miel

Environ 1 cuillère à soupe de sucre

1. Dans une casserole moyenne, mélanger les oignons, le vin rouge et le sel à feu moyen. Laissez bouillir et baissez le feu. Couvrir et cuire, en remuant fréquemment, pendant 1 heure et 15 minutes ou jusqu'à ce que les oignons soient très tendres. Les oignons seront légèrement translucides.

deux. Ajouter le beurre, le vinaigre balsamique et 1 cuillère à soupe de miel et le sucre. Cuire à découvert, en remuant constamment, jusqu'à ce que tout le liquide se soit évaporé et que le mélange soit très épais.

3. Laissez refroidir un peu. Servir à température ambiante ou légèrement tiède. Cela dure jusqu'à un mois au réfrigérateur. Pour réchauffer, placez le confit dans un petit bol au-dessus d'une casserole d'eau bouillante ou faites-le chauffer au micro-ondes.

Salade de betteraves rôties et oignons

Salade de Cipolla et Barbabietola

Donne 6 portions

Si vous n'avez jamais mangé de betterave fraîche en saison, essayez-la. Lorsqu'ils sont jeunes et tendres, ils sont remarquablement sucrés et savoureux. Achetez-les en été et en automne lorsqu'ils sont à leur apogée. En vieillissant, ils deviennent boisés et insipides.

6 betteraves, parées et lavées

2 gros oignons, pelés

6 cuillères à soupe d'huile d'olive

2 cuillères à soupe de vinaigre de vin rouge

Sel et poivre noir fraîchement moulu

6 feuilles de basilic frais

1. Placer une grille au centre du four. Préchauffer le four à 400 ° F. Frottez les betteraves et enveloppez-les dans une grande feuille de papier d'aluminium en scellant hermétiquement. Placer le paquet sur une plaque à pâtisserie.

deux. Couper les oignons en petits morceaux. Placez-les sur une plaque à pâtisserie et mélangez avec 2 cuillères à soupe d'huile d'olive.

3.Placer la sauce aux betteraves et la poêle à oignons côte à côte dans le four. Rôtir pendant 1 heure ou jusqu'à ce que les betteraves soient tendres lorsqu'on les pique avec un couteau et que les oignons soient dorés.

4.Laissez refroidir les betteraves. Pelez la peau et coupez la betterave en tranches.

5.Dans un grand bol, mélanger les betteraves et les oignons avec 1/4 tasse d'huile d'olive, le vinaigre, le sel et le poivre au goût. Saupoudrez de basilic et servez immédiatement.

Oignon perlé au miel et à l'orange

Cipolline Parfum all'Arancia

Donne 8 portions

Les oignons perlés aigre-doux parfumés au miel, à l'orange et au vinaigre se marient bien avec une dinde ou un chapon festif, un rôti de porc ou en apéritif avec des tranches de salumi. Vous pouvez les préparer à l'avance, mais ils doivent être légèrement réchauffés avant de servir.

2 livres d'oignon perlé

1 orange nombril

2 cuillères à soupe de beurre non salé

1/4 tasse de miel

1/4 tasse de vinaigre de vin blanc

Sel et poivre noir fraîchement moulu

1. Porter une grande casserole d'eau à ébullition. Ajouter les oignons et cuire 3 minutes. Égoutter et refroidir sous l'eau courante. À l'aide d'un couteau bien aiguisé, grattez la pointe des pointes des racines. Ne coupez pas les extrémités trop

profondément ou les oignons s'effondreront pendant la cuisson. Enlevez les peaux.

deux.À l'aide d'un éplucheur à légumes à lame rotative, prélevez le zeste d'orange. Empilez les lanières de zeste et coupez-les en fins bâtonnets. Pressez le jus d'orange. Mettez-le de côté.

3.Dans une grande poêle, faire fondre le beurre à feu moyen. Ajouter les oignons et cuire pendant 30 minutes ou jusqu'à ce qu'ils soient légèrement dorés, en secouant la poêle de temps en temps pour éviter qu'ils ne collent.

4.Ajouter le jus d'orange, le zeste, le miel, le vinaigre, le sel et le poivre au goût. Réduire le feu à doux et cuire pendant 10 minutes, en retournant fréquemment les oignons, jusqu'à ce qu'ils soient tendres lorsqu'ils sont piqués avec un couteau et badigeonnés de sauce. Laissez refroidir un peu. Servir chaud.

petits pois à l'oignon

Piselli avec Cipolle

Donne 4 portions

Un peu d'eau ajoutée à la casserole aide l'oignon à ramollir et à ramollir sans brunir. La douceur de l'oignon rehausse la saveur des petits pois.

2 cuillères à soupe d'huile d'olive

1 oignon moyen, haché finement

4 cuillères à soupe d'eau

2 tasses de pois frais écossés ou 1 paquet de pois surgelés (10 onces)

pincée d'origan séché

sel

1. Verser l'huile dans une casserole moyenne. Ajouter l'oignon et 2 cuillères à soupe d'eau. Cuire, en remuant fréquemment, jusqu'à ce que l'oignon soit très tendre, environ 15 minutes.

deux. Ajouter les pois, les 2 cuillères à soupe d'eau restantes, l'origan et le sel. Couvrir et cuire jusqu'à ce que les pois soient tendres, de 5 à 10 minutes.

Pois au jambon et oignon vert

Piselli al Prosciutto

Donne 4 portions

Ces petits pois sont bons avec des côtelettes d'agneau ou de l'agneau rôti.

3 cuillères à soupe de beurre non salé

4 oignons verts, parés et tranchés finement

2 tasses de pois frais écossés ou 1 paquet de pois surgelés (10 onces)

1 cuillère à café de sucre

sel

4 fines tranches de prosciutto italien importé, coupées transversalement en fines lanières

1. Faire fondre 2 cuillères à soupe de beurre dans une poêle moyenne. Ajouter les oignons verts et cuire 1 minute.

deux. Ajouter les pois, le sucre et le sel au goût. Ajouter 2 cuillères à soupe d'eau et couvrir la casserole. Cuire jusqu'à ce que les pois soient tendres, 5 à 10 minutes.

3. Ajouter le jambon et la cuillère à soupe de beurre restante. Cuire encore 1 minute et servir chaud.

Pois sucrés avec laitue et menthe

Piselli à la menthe

Donne 4 portions

Même les pois surgelés ont un goût frais lorsqu'ils sont préparés de cette façon. La laitue ajoute un léger croquant et la menthe une saveur vive et fraîche.

2 cuillères à soupe de beurre non salé

¼ tasse d'oignon, haché très finement

2 tasses de pois frais écossés ou 1 paquet de pois surgelés (10 onces)

1 tasse de feuilles de laitue hachées

12 feuilles de menthe coupées en morceaux

Sel et poivre noir fraîchement moulu

1. Dans une casserole moyenne, faire fondre le beurre à feu moyen. Ajouter l'oignon et cuire jusqu'à ce qu'il soit tendre et doré, environ 10 minutes.

deux. Ajouter les pois, la laitue, les feuilles de menthe et saler et poivrer au goût. Ajouter 2 cuillères à soupe d'eau et couvrir la casserole. Cuire de 5 à 10 minutes ou jusqu'à ce que les pois soient tendres. Servir chaud.

salade de pois

salade de pâques

Donne 4 portions

Dans les années 1950, Romeo Salta était considéré comme l'un des meilleurs restaurants italiens de New York. Il se démarquait parce qu'il était très élégant et servait une cuisine du nord de l'Italie à une époque où la plupart des gens ne connaissaient que les restaurants de style familial qui servaient les plats du sud avec de la sauce rouge. Le propriétaire, Romeo Salta, avait appris le métier de restaurateur en travaillant sur des bateaux de croisière de luxe, à l'époque le meilleur terrain de formation pour les restaurateurs. Cette salade est apparue au menu vers Pâques, lorsque les pois frais sont devenus abondants. La recette originale contenait également des anchois, bien que je préfère la salade sans eux. J'ajoute parfois du fromage suisse râpé ou similaire avec le jambon.

2 1/2 tasses de pois frais écossés ou 1 paquet (10 oz) de pois surgelés

sel

1 jaune d'oeuf bouilli

1/4 tasse d'huile d'olive

¹1/4 tasse de jus de citron

poivre noir fraichement moulu

2 onces de prosciutto italien importé tranché, coupé transversalement en lanières étroites

1. Pour les pois frais ou surgelés, porter à ébullition une casserole moyenne d'eau. Ajouter les pois et le sel au goût. Cuire jusqu'à ce que les pois soient tendres, environ 3 minutes. Égoutter les pois. Laissez-les refroidir sous l'eau courante froide. Séchez les petits pois.

deux. Dans un bol, écraser le jaune à la fourchette. Incorporer l'huile d'olive, le jus de citron, le sel et le poivre au goût. Ajouter les petits pois et remuer doucement. Ajouter les lanières de prosciutto et servir immédiatement.

poivrons grillés

Peperoni Arrostiti

Donne 8 portions

Les poivrons grillés sont bons dans les salades, les omelettes et les sandwichs. Ils se congèlent également bien, vous pouvez donc en faire un lot en été lorsque les poivrons sont abondants et les conserver pour les repas d'hiver.

8 gros poivrons rouges, jaunes ou verts

1. Couvrir la plaque à pâtisserie de papier d'aluminium. Placez la plaque à pâtisserie à environ 3 pouces de la source de chaleur. Mettre les poivrons entiers dans la poêle. Allumez le gril à feu vif. Griller les poivrons, en les retournant fréquemment avec des pinces, pendant environ 15 minutes ou jusqu'à ce que la peau soit boursouflée et complètement carbonisée. Mettre les poivrons dans un bol. Couvrir d'une feuille d'aluminium et laisser refroidir.

deux. Couper les poivrons en deux, égoutter le jus dans un bol. Pelez la peau et jetez les graines et les tiges.

3. Coupez les poivrons dans le sens de la longueur en lanières de 1 pouce et placez-les dans un bol. Filtrer le jus sur les poivrons.

4. Servir à température ambiante ou conserver au réfrigérateur et servir froid. Les poivrons se conservent 3 jours au réfrigérateur ou 3 mois au congélateur.

salade de poivrons grillés

Insalata di Peperoni Arrostiti

Donne 8 portions

Servez ces poivrons dans le cadre d'un assortiment d'antipasti, en accompagnement de thon ou de porc grillé, ou en antipasti avec de la mozzarella fraîche tranchée.

1 recette (8 poivres) poivrons grillés

1/3 tasse d'huile d'olive extra vierge

4 feuilles de basilic, coupées en morceaux

2 gousses d'ail, tranchées finement

Sel et poivre noir fraîchement moulu

Préparez les poivrons, si nécessaire. Mélanger les poivrons avec l'huile d'olive, le basilic, l'ail et le sel et le poivre au goût. Laisser reposer 1h avant de servir.

Poivrons rôtis aux oignons et herbes

Peperoni Arrostiti avec Cipolle

Donne 4 portions

Servez ces poivrons chauds ou à température ambiante. Ils font également une bonne garniture pour les crostini.

½ recettepoivrons grillés; utiliser du poivron rouge ou jaune

1 oignon moyen, coupé en deux et tranché finement

Pincée de piment rouge moulu

2 cuillères à soupe d'huile d'olive

sel

1/2 cuillère à café d'origan séché, émietté

2 cuillères à soupe de persil frais haché

1. Préparez les poivrons à l'étape 3 si nécessaire. Ensuite, égouttez les poivrons et coupez-les dans le sens de la longueur en lanières de 1/2 pouce.

deux. Dans une poêle moyenne, faire revenir l'oignon avec le poivron rouge écrasé dans l'huile d'olive à feu moyen jusqu'à ce que l'oignon soit tendre et doré, environ 10 minutes. Ajouter le poivron, l'origan et le sel au goût. Cuire, en remuant de temps en temps, jusqu'à ce que le tout soit bien chaud, environ 5 minutes. Ajouter le persil et cuire 1 minute de plus. Servez chaud ou à température ambiante.

Poivrons rôtis aux tomates

pepperoni au four

Donne 4 portions

Dans cette recette des Abruzzes, un piment frais pas trop piquant donne leur saveur aux piments. Du poivron rouge broyé ou un petit poivron séché peut être remplacé. Ces poivrons sont bons dans un sandwich.

2 gros poivrons rouges

2 gros poivrons jaunes

1 piment, comme le jalapeno, épépiné et émincé

3 cuillères à soupe d'huile d'olive

sel

2 gousses d'ail hachées

2 tomates moyennes, pelées, épépinées et hachées

1. Placer une grille au centre du four. Préchauffer le four à 400 ° F. Graisser un grand plat allant au four. Placer les poivrons sur une planche à découper. En tenant la tige dans une main, placez la

pointe d'un grand couteau de chef lourd juste au-delà du bord du couvercle. Déchirer. Faites tourner le poivron de 90° et coupez-le à nouveau. Répétez l'opération en tournant et en coupant les deux côtés restants. Jetez le cœur, les graines et la tige, qui resteront entières. Coupez les membranes et grattez les graines.

deux. Couper les poivrons dans le sens de la longueur en lanières de 1 pouce. Ajouter le poivron dans la poêle. Ajouter l'huile d'olive et le sel au goût et bien mélanger. Répartir les poivrons dans le plat.

3.Faire rôtir les poivrons pendant 25 minutes. Ajouter l'ail et les tomates et bien mélanger. Rôtir pendant 20 minutes supplémentaires ou jusqu'à ce que les poivrons soient tendres lorsqu'ils sont percés avec un couteau. Servir chaud.

Poivrons au vinaigre balsamique

pepperoni balsamique

Donne 6 portions

La douceur du vinaigre balsamique complète la douceur des poivrons. Servir chaud avec des côtelettes de porc ou d'agneau ou à température ambiante avec du poulet froid ou du rôti de porc.

6 gros poivrons rouges

1/4 tasse d'huile d'olive

Sel et poivre noir fraîchement moulu

2 cuillères de vinaigre balsamique

1. Placer une grille au centre du four. Préchauffer le four à 400 ° F. Placer les poivrons sur une planche à découper. En tenant la tige dans une main, placez la pointe d'un grand couteau de chef lourd juste au-delà du bord du couvercle. Déchirer. Faites tourner le poivron de 90° et coupez-le à nouveau. Répétez l'opération en tournant et en coupant les deux côtés restants. Jetez le cœur, les graines et la tige, qui resteront entières. Coupez les membranes et grattez les graines.

deux. Couper les poivrons en lanières de 1 pouce. Placez-les dans une grande rôtissoire peu profonde avec de l'huile d'olive, du sel et du poivre. Bien mélanger. Faire rôtir les poivrons pendant 30 minutes.

3.Ajouter du vinaigre. Rôtir les poivrons pendant 20 minutes supplémentaires ou jusqu'à ce qu'ils soient tendres. Servez chaud ou à température ambiante.

poivre mariné

Pepperoni Sott'Aceto

Donne 2 pintes

Les poivrons marinés colorés sont délicieux dans des sandwichs ou avec de la charcuterie. Ceux-ci peuvent être utilisés pour faireSauce Poivre Style Molise.

2 gros poivrons rouges

2 gros poivrons jaunes

sel

2 tasses de vinaigre de vin blanc

2 tasses d'eau

Pincée de piment rouge moulu

1. Placer les poivrons sur une planche à découper. En tenant la tige dans une main, placez la pointe d'un grand couteau de chef lourd juste au-delà du bord du couvercle. Déchirer. Faites tourner le poivron de 90° et coupez-le à nouveau. Répétez l'opération en tournant et en coupant les deux côtés restants. Jetez le cœur, les graines et la tige, qui resteront entières. Coupez les membranes et grattez les graines. Couper les poivrons dans le sens de la longueur en lanières de 1 pouce. Mettez les poivrons dans une passoire sur une assiette et saupoudrez de sel. Laisser reposer 1 heure pour égoutter.

deux. Dans une casserole non réactive, mélanger le vinaigre, l'eau et le piment rouge broyé. Porter à ébullition. Retirer du feu et laisser refroidir légèrement.

3.Lavez les poivrons sous l'eau froide et essuyez-les. Emballez les poivrons dans 2 pots à bière stérilisés. Verser le mélange de vinaigre refroidi et fermer. Laisser reposer dans un endroit frais et sombre pendant 1 semaine avant utilisation.

Poivrons aux amandes

Pepperoni Tout Mandorle

Donne 4 portions

Une vieille amie de ma mère, dont la famille venait d'Ischia, une petite île de la baie de Naples, lui a donné cette recette. Elle aimait le servir au déjeuner sur des tranches de pain italien frites dans l'huile d'olive jusqu'à ce qu'elles soient dorées.

2 poivrons rouges et 2 jaunes

1 gousse d'ail, légèrement écrasée

3 cuillères à soupe d'huile d'olive

2 tomates moyennes, pelées, épépinées et hachées

1/4 tasse d'eau

2 cuillères de câpres

4 filets d'anchois hachés

4 onces d'amandes grillées, hachées grossièrement

1. Placer les poivrons sur une planche à découper. En tenant la tige dans une main, placez la pointe d'un grand couteau de chef lourd juste au-delà du bord du couvercle. Déchirer. Faites tourner le poivron de 90° et coupez-le à nouveau. Répétez l'opération en tournant et en coupant les deux côtés restants. Jetez le cœur, les graines et la tige, qui resteront entières. Coupez les membranes et grattez les graines.

deux. Dans une grande poêle, faire revenir l'ail dans l'huile d'olive à feu moyen en pressant l'ail une ou deux fois avec le dos d'une cuillère. Une fois légèrement doré, environ 4 minutes, jeter l'ail.

3. Ajouter les poivrons dans la poêle. Cuire, en remuant fréquemment, jusqu'à tendreté, environ 15 minutes.

4. Ajouter les tomates et l'eau. Cuire jusqu'à ce que la sauce épaississe, environ 15 minutes de plus.

5. Ajouter les câpres, les anchois et les amandes. Essayez le sel. Cuire 2 minutes de plus. Laisser refroidir légèrement avant de servir.

Poivron à la tomate et à l'oignon

peperonata

Donne 4 portions

Chaque région semble avoir sa version de peperonata. Certains ajoutent des câpres, des olives, des herbes ou des anchois. Servir en accompagnement ou en sauce pour un rôti de porc ou un poisson grillé.

4 poivrons rouges ou jaunes (ou un mélange)

2 oignons moyens, tranchés finement

3 cuillères à soupe d'huile d'olive

3 grosses tomates, pelées, épépinées et hachées grossièrement

1 gousse d'ail finement hachée

sel

1. Placer les poivrons sur une planche à découper. En tenant la tige dans une main, placez la pointe d'un grand couteau de chef lourd juste au-delà du bord du couvercle. Déchirer. Faites tourner le poivron de 90° et coupez-le à nouveau. Répétez l'opération en tournant et en coupant les deux côtés restants. Jetez le cœur, les

graines et la tige, qui resteront entières. Coupez les membranes et grattez les graines. Coupez les poivrons en lanières de 1/4 de pouce.

deux. Dans une grande poêle à feu moyen, faire revenir les oignons dans l'huile d'olive jusqu'à ce qu'ils soient tendres et dorés, environ 10 minutes. Ajouter les lanières de poivron et cuire encore 10 minutes.

3. Ajouter les tomates, l'ail et le sel au goût. Couvrir et cuire 20 minutes ou jusqu'à ce que les poivrons soient tendres lorsqu'on les pique avec un couteau. S'il reste trop de liquide, découvrir et cuire jusqu'à ce que la sauce épaississe et réduise. Servez chaud ou à température ambiante.

Poivrons farcis

Pepperoni Ripieni

Donne 4 à 8 portions

Ma grand-mère faisait toujours ces piments en été. Je les ai fait cuire dans une grande poêle noire le matin et le midi ils étaient juste à la bonne température pour servir avec du pain de mie.

1 1/4 tasses de chapelure sèche naturelle à base de pain italien ou français

1/3 tasse de Pecorino Romano ou Parmigiano-Reggiano fraîchement râpé

1 1/4 tasse de persil frais haché

1 gousse d'ail finement hachée

Sel et poivre noir fraîchement moulu

Environ 1/2 tasse d'huile d'olive

8 poivrons italiens longs vert clair pour la friture

3 tasses de tomates fraîches pelées, épépinées et hachées ou 1 (28 oz) de tomates broyées

6 feuilles de basilic frais coupées en morceaux

1. Dans un bol, mélanger la chapelure, le fromage, le persil, l'ail et le sel et le poivre au goût. Ajouter 3 cuillères à soupe d'huile ou assez pour humidifier uniformément la chapelure.

deux. Coupez le chapeau des poivrons et retirez les graines. Verser le mélange de chapelure sur les poivrons, en laissant environ 1 pouce d'espace libre en haut. Ne remplissez pas trop les poivrons, sinon la farce se répandra pendant la cuisson.

3. Dans une grande poêle, chauffer 1/4 tasse d'huile à feu moyen jusqu'à ce qu'un morceau de poivron grésille dans la poêle. À l'aide de pinces, ajouter délicatement les poivrons. Cuire, en tournant de temps en temps avec des pinces, jusqu'à ce qu'ils soient dorés de tous les côtés, environ 20 minutes.

4. Placer les tomates, le basilic et saler et poivrer au goût autour des poivrons. Porter à ébullition. Couvrir et cuire, en retournant les poivrons une ou deux fois, jusqu'à ce qu'ils soient très tendres, environ 15 minutes. Si la sauce est trop sèche, ajouter un peu d'eau. Découvrir et cuire jusqu'à ce que la sauce soit épaisse, environ 5 minutes de plus. Servez chaud ou à température ambiante.

Poivrons farcis à la napolitaine

Pepperoni Alla Nonna

Donne 6 portions

Si les Siciliens ont d'innombrables façons de cuisiner les aubergines, les Napolitains sont tout aussi créatifs avec les poivrons. C'est une autre recette typiquement napolitaine que ma grand-mère faisait.

2 aubergines moyennes (environ 1 livre chacune)

6 gros poivrons rouges, jaunes ou verts, coupés en lanières de 1/2 po

1/2 tasse plus 3 cuillères à soupe d'huile d'olive

3 tomates moyennes, pelées, épépinées et coupées en dés

3/4 tasse d'olives noires dénoyautées, dénoyautées et séchées à l'huile telles que Gaeta

6 filets d'anchois hachés finement

3 cuillères à soupe de câpres, lavées et égouttées

1 grosse gousse d'ail, pelée et hachée finement

3 cuillères à soupe de persil frais haché

poivre noir fraichement moulu

½ tasse plus 1 cuillère à soupe de chapelure

1. Parez les aubergines et coupez-les en cubes de 3/4 pouces. Mettez les morceaux dans une passoire en saupoudrant chaque couche de sel. Placez le tamis sur une assiette et laissez égoutter pendant 1 heure. Lavez les aubergines et essuyez-les avec une serviette en papier.

deux. Dans une grande poêle, chauffer 1/2 tasse d'huile à feu moyen. Ajouter l'aubergine et cuire, en remuant de temps en temps, jusqu'à ce qu'elle soit tendre, environ 10 minutes.

3. Ajouter les tomates, les olives, les anchois, les câpres, l'ail, le persil et le poivre au goût. Porter à ébullition et cuire encore 5 minutes. Ajouter 1/2 tasse de chapelure et retirer du feu.

4. Placer une grille au centre du four. Préchauffer le four à 450 ° F. Graisser un plat allant au four assez grand pour contenir les poivrons debout.

5. Coupez les tiges des poivrons et retirez les graines et les membranes blanches. Farcir les poivrons avec le mélange d'aubergines. Placer les poivrons dans la poêle préparée.

Saupoudrer de 1 cuillère à soupe de chapelure restante et arroser des 3 cuillères à soupe d'huile restantes.

6. Verser 1 tasse d'eau autour des poivrons. Rôtir pendant 1 heure et 15 minutes ou jusqu'à ce que les poivrons soient très tendres et légèrement dorés. Servez chaud ou à température ambiante.

Poivrons farcis façon Ada Boni

Pepperoni Ripieni alla Ada Boni

Donne 4 à 8 portions

Ada Boni était une célèbre écrivaine gastronomique italienne et auteur de plusieurs livres de cuisine. Sa cuisine régionale italienne est un classique et l'un des premiers livres sur le sujet traduits en anglais. Cette recette est adaptée du chapitre sicilien.

4 poivrons rouges ou jaunes moyens

1 tasse de chapelure grillée

4 cuillères de raisins secs

1/2 tasse d'olives noires dénoyautées, dénoyautées et douces

6 filets d'anchois hachés

2 cuillères à soupe de basilic frais haché

2 cuillères à soupe de câpres, lavées, égouttées et hachées

1/4 tasse plus 2 cuillères à soupe d'huile d'olive

1 tasse sauce tomate sicilienne

1. Placer une grille au centre du four. Préchauffer le four à 375 ° F. Graisser un plat de cuisson de 13 × 9 × 2 pouces.

deux. À l'aide d'un grand couteau de chef épais, couper les poivrons en deux dans le sens de la longueur. Coupez les tiges, les graines et les membranes blanches.

3. Dans un grand bol, mélanger la chapelure, les raisins secs, les olives, les anchois, le basilic, les câpres et 1/4 tasse d'huile. Goûter et rectifier l'assaisonnement. (Le sel est probablement inutile.)

4. Verser le mélange dans les moitiés de poivron. Couvrir avec la sauce. Rôtir pendant 50 minutes ou jusqu'à ce que les poivrons soient très tendres lorsqu'on les pique avec un couteau. Servez chaud ou à température ambiante.

poivrons frits

Fritti au pepperoni

Donne 6 à 8 portions

Croquants et sucrés, il est difficile de leur résister. Servez-les avec une tortilla ou avec n'importe quelle viande cuite.

4 gros poivrons rouges ou jaunes

1/2 tasse de farine de blé

sel

1. Placer les poivrons sur une planche à découper. En tenant la tige dans une main, placez la pointe d'un grand couteau de chef lourd juste au-delà du bord du couvercle. Déchirer. Faites tourner le poivron de 90° et coupez-le à nouveau. Répétez l'opération en tournant et en coupant les deux côtés restants. Jetez le cœur, les graines et la tige, qui resteront entières. Coupez les membranes et grattez les graines. Coupez les poivrons en lanières de 1/4 de pouce.

deux. Chauffez environ 2 pouces d'huile dans une casserole profonde jusqu'à ce que la température atteigne 375 ° F sur un thermomètre à friture.

3. Tapisser un plateau avec des serviettes en papier. Mettre la farine dans un bol peu profond. Passer les lanières de poivron dans la farine en secouant l'excédent.

4. Ajouter les lanières de poivron à l'huile chaude un peu à la fois. Frire jusqu'à ce qu'ils soient dorés et tendres, environ 4 minutes. Égoutter sur du papier absorbant. Frire le reste par lots, de la même manière. Saupoudrez de sel et servez immédiatement.

Poivrons sautés aux courgettes et à la menthe

Pepperoni et courgettes à Padella

Donne 6 portions

Plus il reste longtemps, meilleur est son goût, alors préparez-le plus tôt dans la journée pour le servir lors d'un repas ultérieur.

1 poivron rouge

1 poivron jaune

2 cuillères à soupe d'huile d'olive

4 petites courgettes, coupées en tranches de 1/4 po

sel

2 cuillères à soupe de vinaigre de vin blanc

2 gousses d'ail, hachées finement

2 cuillères à soupe de menthe fraîche hachée

1/2 cuillère à café d'origan séché

Pincée de piment rouge moulu

1. Placer les poivrons sur une planche à découper. En tenant la tige dans une main, placez la pointe d'un grand couteau de chef lourd juste au-delà du bord du couvercle. Déchirer. Faites tourner le poivron de 90° et coupez-le à nouveau. Répétez l'opération en tournant et en coupant les deux côtés restants. Jetez le cœur, les graines et la tige, qui resteront entières. Coupez les membranes et grattez les graines. Couper les poivrons en lanières de 1 pouce.

deux. Dans une grande poêle, chauffer l'huile à feu moyen. Ajouter les poivrons et cuire, en remuant, pendant 10 minutes.

3. Ajouter les courgettes et saler au goût. Cuire, en remuant souvent, jusqu'à ce que les courgettes soient tendres, environ 15 minutes.

4. Pendant la cuisson des légumes, dans un bol moyen, mélanger le vinaigre, l'ail, les herbes, le poivron rouge et le sel au goût.

5. Ajouter le poivron et la courgette. Laisser reposer jusqu'à ce que les légumes soient à température ambiante. Goûter et rectifier l'assaisonnement.

Poivrons rôtis et terrine d'aubergines

Format Pepperoni et Melanzane

Donne 8 à 12 portions

C'est une terrine inhabituelle et belle de poivrons, d'aubergines et d'arômes en couches. Le jus de poivre se gélifie légèrement après refroidissement et maintient la terrine ensemble. Servir en entrée ou en accompagnement de viandes grillées.

4 grospoivrons rouges, rôti et décortiqué

2 grosses aubergines (environ 1 1/2 livres chacune)

sel

Huile d'olive

1/2 tasse de feuilles de basilic frais hachées

4 grosses gousses d'ail, pelées, épépinées et hachées finement

1/4 tasse de vinaigre de vin rouge

poivre noir fraîchement moulu

1. Préparez les poivrons, si nécessaire. Coupez les aubergines et coupez-les dans le sens de la longueur en tranches de 1/4 de pouce d'épaisseur. Placez les tranches dans une passoire en saupoudrant chaque couche de sel. Laisser reposer au moins 30 minutes.

deux. Préchauffer le four à 450 ° F. Badigeonner deux grands moules à gélatine d'huile.

3. Lavez les tranches d'aubergines sous l'eau froide et séchez-les avec du papier absorbant. Disposez les aubergines dans les moules en une seule couche. Badigeonner d'huile. Faire rôtir les aubergines pendant environ 10 minutes, jusqu'à ce qu'elles soient légèrement dorées sur le dessus. Retournez les morceaux avec des pinces et faites cuire pendant 10 minutes supplémentaires ou jusqu'à ce qu'ils soient tendres et légèrement dorés.

4. Égouttez les poivrons et coupez-les en lanières de 1 pouce.

5. Tapisser un moule à pain de 8 × 4 × 3 pouces d'une pellicule plastique. Déposer une couche de tranches d'aubergine au fond du moule, en les chevauchant légèrement. Déposer les poivrons grillés sur les aubergines. Saupoudrer de basilic, d'ail, de vinaigre, d'huile, de sel et de poivre au goût. Continuer en

couches, en appuyant fermement sur chaque couche, jusqu'à ce que tous les ingrédients soient utilisés. Couvrir d'une pellicule plastique et peser le contenu avec un deuxième moule à pain rempli de boîtes de conserve lourdes. Réfrigérer pendant au moins 24 heures ou jusqu'à 3 jours.

6. Pour servir, découvrez la terrine et renversez-la sur une assiette de service. Retirez délicatement le film plastique. Couper la terrine en tranches épaisses. Servir froid ou à température ambiante.

patate aigre-douce

Pomme de terre à Agrodolce

Donne 6 à 8 portions

Il s'agit d'une salade de pommes de terre à la sicilienne à servir à température ambiante avec des travers de porc grillés, du poulet ou des saucisses.

2 livres de pommes de terre tout usage, comme la Yukon Gold

1 oignon

2 cuillères à soupe d'huile d'olive

1 tasse d'olives noires dénoyautées, comme Gaeta

2 cuillères de câpres

Sel et poivre noir fraîchement moulu

2 cuillères à soupe de vinaigre de vin blanc

2 cuillères de sucre

1. Frotter les pommes de terre avec une brosse sous l'eau courante froide. Épluchez-les si vous le souhaitez. Couper les pommes de

terre en deux ou en quatre si elles sont grosses. Dans une grande poêle, faire revenir l'oignon dans l'huile jusqu'à ce qu'il soit tendre et doré, environ 10 minutes.

deux. Ajouter les pommes de terre, les olives, les câpres et saler et poivrer au goût. Ajouter 1 tasse d'eau et porter à ébullition. Cuire 15 minutes.

3.Dans un petit bol, mélanger le vinaigre et le sucre et ajouter à la casserole. Poursuivre la cuisson jusqu'à ce que les pommes de terre soient tendres, environ 5 minutes. Retirer du feu et laisser refroidir complètement. Servir à température ambiante.

Pommes de terre au vinaigre balsamique

Patate balsamique

Donne 6 portions

L'oignon rouge et le vinaigre balsamique parfument ces pommes de terre. Ils sont également bons à température ambiante.

2 livres de pommes de terre tout usage, comme la Yukon Gold

2 cuillères à soupe d'huile d'olive

1 gros oignon rouge, haché

2 cuillères à soupe d'eau

Sel et poivre noir fraîchement moulu

2 cuillères de vinaigre balsamique

1. Frotter les pommes de terre avec une brosse sous l'eau courante froide. Épluchez-les si vous le souhaitez. Couper les pommes de terre en deux ou en quatre si elles sont grosses.

deux. Chauffer l'huile dans une casserole moyenne à feu moyen. Ajouter les pommes de terre, l'oignon, l'eau et saler et poivrer au goût. Couvrir la poêle et réduire le feu à doux. Cuire pendant 20 minutes ou jusqu'à ce que les pommes de terre soient tendres.

3. Découvrir la casserole et ajouter le vinaigre. Cuire jusqu'à ce que la majeure partie du liquide se soit évaporée, environ 5 minutes. Servez chaud ou à température ambiante.

Brochettes de Thon à l'Orange

Spiedini di Tonno

Donne 4 portions

Chaque printemps, les pêcheurs siciliens se rassemblent pour la mattanza, l'abattage du thon. Cette frénésie de pêche rituelle implique de nombreux petits bateaux remplis d'hommes qui rassemblent les thons en migration dans une série de filets de plus en plus étroits jusqu'à ce qu'ils soient capturés. Les énormes poissons sont ensuite tués et amenés à bord des navires. Le processus est laborieux, et pendant qu'ils travaillent, les hommes chantent des chants spéciaux que les historiens remontent au Moyen Âge ou même avant. Bien que cette pratique soit en train de disparaître, il existe encore quelques endroits le long des côtes nord et ouest où la mattanza a lieu.

Les Siciliens ont d'innombrables façons de cuisiner le thon. Avec lui, l'arôme d'oranges grillées et d'herbes aromatiques préfigurait le goût alléchant de morceaux de poisson à chair ferme.

11/2 livres de filets de thon, d'espadon ou de saumon frais (environ 1 pouce d'épaisseur)

1 orange navel coupée en 16 morceaux

1 petit oignon rouge, coupé en 16 morceaux

2 cuillères à soupe d'huile d'olive

2 cuillères à soupe de jus de citron frais

1 cuillère à soupe de romarin frais haché

Sel et poivre noir fraîchement moulu

6 à 8 feuilles de laurier

1. Couper le thon en morceaux de 1 1/2 pouce. Dans un grand bol, mélanger les morceaux de thon, d'orange et d'oignon rouge avec de l'huile d'olive, du jus de citron, du romarin, du sel et du poivre au goût.

deux. Placez le gril ou le gril à environ 5 pouces de la source de chaleur. Préchauffer le gril ou le barbecue.

3. Enfiler alternativement le thon, les morceaux d'orange, l'oignon et le laurier sur 8 brochettes.

4. Griller ou griller jusqu'à ce que le thon soit doré, environ 3 à 4 minutes. Tourner les brochettes et cuire jusqu'à ce qu'elles soient dorées à l'extérieur mais encore roses au centre, environ 2 minutes de plus, ou jusqu'à ce qu'elles soient cuites au goût. Servir chaud.

Thon et Poivrons Grillés, Molise

Tony et Peperoni

Donne 4 portions

Les poivrons et les piments sont l'une des caractéristiques de la cuisine de style Molise. J'ai d'abord fait ce plat avec des sgombri, qui ressemblent au maquereau, mais je le fais généralement avec des steaks de thon ou d'espadon.

4 poivrons rouges ou jaunes

4 steaks de thon (chacun d'environ 3/4 de pouce d'épaisseur)

2 cuillères à soupe d'huile d'olive

Sel et poivre noir fraîchement moulu

1 cuillère à soupe de jus de citron frais

2 cuillères à soupe de persil frais haché

1 petit piment jalapeno ou autre piment frais, haché ou broyé au goût

1 gousse d'ail finement hachée

1. Placez le gril ou la plaque à pâtisserie à environ 12 cm de la source de chaleur. Préparez un feu moyen sur un gril ou préchauffez le poulet.

deux. Griller ou griller les poivrons, en les retournant fréquemment, jusqu'à ce que la peau soit boursouflée et légèrement carbonisée, environ 15 minutes. Placer les poivrons dans un bol et couvrir de papier d'aluminium ou de pellicule plastique.

3. Badigeonner les steaks de thon d'huile d'olive, saler et poivrer au goût. Griller ou griller le poisson jusqu'à ce qu'il soit doré d'un côté, environ 2 minutes. Retourner le poisson avec des pinces et cuire jusqu'à ce qu'il soit doré de l'autre côté mais toujours rose au centre, environ 2 minutes de plus, ou jusqu'à ce qu'il soit cuit au goût. Testez la cuisson en faisant une petite incision dans la partie la plus épaisse du poisson.

4. Épépinez, épluchez et épépinez les poivrons. Coupez les poivrons en lanières de 1/2 pouce et placez-les dans un bol. Assaisonner avec 2 cuillères à soupe d'huile d'olive, jus de citron, persil, piment, ail et sel au goût. Mélanger délicatement.

5. Couper le poisson en tranches de 1/2 pouce. Déposer les tranches légèrement superposées sur un plat de service. Versez les poivrons dessus. Servir chaud.

Thon grillé au citron et à l'origan

Tono alla Griglia

Donne 4 portions

La première fois que j'ai visité la Sicile, en 1970, il n'y avait pas beaucoup de restaurants ; ceux qui existaient semblaient servir le même menu. J'ai mangé des steaks de thon ou d'espadon préparés de cette façon pour pratiquement tous les déjeuners et dîners. Heureusement, il était toujours bien préparé. Les Siciliens coupent leurs filets de poisson à seulement 1/2 pouce d'épaisseur, mais je préfère qu'ils aient 1 pouce d'épaisseur pour qu'ils ne cuisent pas trop facilement. Le thon est à son meilleur moelleux et tendre lorsqu'il est cuit jusqu'à ce que le centre soit rouge ou rose, tandis que l'espadon doit être légèrement rose. Parce qu'il a du cartilage qui doit être ramolli, le requin peut être cuit un peu plus longtemps.

4 steaks de thon, d'espadon ou de requin d'environ 1 pouce d'épaisseur

Huile d'olive

Sel et poivre noir fraîchement moulu

1 cuillère à soupe de jus de citron fraîchement pressé

1/2 cuillère à café d'origan séché

1. Placez un gril ou un gril à environ 5 pouces de la source de chaleur. Préchauffer le gril ou le barbecue.

deux. Badigeonner généreusement les filets d'huile d'olive et saler et poivrer au goût.

3. Griller le poisson jusqu'à ce qu'il soit légèrement doré d'un côté, 2 à 3 minutes. Retourner le poisson et cuire jusqu'à ce qu'il soit légèrement doré mais encore rose à l'intérieur, environ 2 minutes de plus, ou jusqu'à ce qu'il soit cuit au goût. Testez la cuisson en faisant une petite incision dans la partie la plus épaisse du poisson.

4. Dans un petit bol, mélanger 3 cuillères à soupe d'huile d'olive, le jus de citron, l'origan, le sel et le poivre au goût. Verser le mélange de jus de citron sur les steaks de thon et servir immédiatement.

Steaks de thon grillés croustillants

Tono alla Griglia

Donne 4 portions

La chapelure fait une belle garniture croustillante sur ces filets de poisson.

4 steaks de thon ou d'espadon (1 pouce d'épaisseur)

¾ tasse de chapelure sèche

1 cuillère à soupe de persil frais haché

1 cuillère à soupe de menthe fraîche hachée ou 1 cuillère à café d'origan séché

Sel et poivre noir fraîchement moulu

4 cuillères à soupe d'huile d'olive

Tranches de citrons

1. Préchauffez le gril. Graisser la plaque à pâtisserie. Dans un bol, mélanger la chapelure, le persil, la menthe et saler et poivrer au goût. Ajouter 3 cuillères à soupe d'huile ou juste assez pour humidifier les miettes.

deux. Placer les filets de poisson dans le plat allant au four. Saupoudrer la moitié de la chapelure sur le poisson en le pétrissant.

3. Griller les filets à environ 6 pouces de la chaleur pendant 3 minutes ou jusqu'à ce que la chapelure soit dorée. Retourner délicatement les filets avec une spatule en métal et saupoudrer du reste de farofa. Griller pendant 2 à 3 minutes supplémentaires ou jusqu'à ce qu'ils soient roses au centre, ou jusqu'à ce qu'ils soient cuits au goût. Testez la cuisson en faisant une petite incision dans la partie la plus épaisse du poisson.

4. Arroser avec la cuillère à soupe d'huile restante. Servir chaud, avec des tranches de citron.

Thon grillé au pesto de roquette

tonno au pesto

Donne 4 portions

La saveur épicée de roquette et la couleur vert émeraude de cette sauce sont un complément parfait au thon frais ou à l'espadon. Ce plat est également bon à température ambiante.

4 steaks de thon d'environ 1 pouce d'épaisseur

Huile d'olive

Sel et poivre noir fraîchement moulu

pesto de roquette

1 botte de roquette, lavée et équeutée (environ 2 tasses légèrement tassée)

1/2 tasse de basilic frais légèrement tassé

2 gousses d'ail

1/2 tasse d'huile d'olive

Sel et poivre noir fraîchement moulu

1. Frotter le poisson avec un peu d'huile d'olive, saler et poivrer au goût. Couvrir et réfrigérer jusqu'au moment de cuire.

deux. Pour faire le pesto : Dans un robot culinaire, mélanger la roquette, le basilic et l'ail et mélanger jusqu'à ce qu'ils soient finement hachés. Ajouter lentement l'huile et mélanger jusqu'à consistance lisse. Ajouter du sel et du poivre au goût. Couvrir et laisser reposer 1h à température ambiante.

3. Dans une grande poêle antiadhésive, chauffer 1 cuillère à soupe d'huile à feu moyen. Ajouter les tranches de thon et cuire 2 à 3 minutes de chaque côté ou jusqu'à ce qu'elles soient dorées à l'extérieur mais encore roses au centre, ou jusqu'à ce qu'elles soient cuites à votre goût. Testez la cuisson en faisant une petite incision dans la partie la plus épaisse du poisson.

4. Servir le thon tiède ou à température ambiante, arrosé de pesto de roquette.

Ragoût de thon et haricots cannellini

poêle tonno

Donne 4 portions

Pendant l'hiver, j'ai tendance à cuisiner plus de viande que de fruits de mer, car la viande a un goût plus satisfaisant lorsqu'elle est froide. L'exception est ce ragoût de haricots et les steaks de thon frais et charnus. Elle a toutes les qualités d'une côte de bœuf et la bonne saveur d'une feijoada, mais sans la viande, ce qui la rend parfaite pour les personnes qui préfèrent les repas sans viande.

2 cuillères à soupe d'huile d'olive

1 1/2 livre de thon frais (1 pouce d'épaisseur), coupé en morceaux de 1 1/2 pouce

Sel et poivre noir fraîchement moulu au goût.

1 gros poivron rouge ou vert, coupé en petits morceaux

1 tasse de tomates pelées en conserve, égouttées et hachées

1 grosse gousse d'ail, hachée finement

6 feuilles de basilic frais coupées en morceaux

1 (16 oz) de haricots cannellini, rincés et égouttés, ou 2 tasses de haricots secs cuits

1. Chauffer l'huile dans une grande poêle à feu moyen. Séchez les morceaux de thon avec du papier absorbant. Lorsque l'huile est chaude, ajouter les morceaux de thon sans remplir la poêle. Cuire jusqu'à ce que les morceaux soient légèrement dorés à l'extérieur, environ 6 minutes. Transférer le thon dans une assiette. Saupoudrez de sel et de poivre.

deux. Ajouter le poivron dans la poêle et cuire, en remuant de temps en temps, jusqu'à ce qu'il commence à dorer, environ 10 minutes. Ajouter les tomates, l'ail, le basilic, le sel et le poivre. Porter à ébullition. Ajouter les haricots, couvrir et réduire le feu à doux. Cuire pendant 10 minutes.

3. Ajouter le thon et cuire jusqu'à ce que le thon soit légèrement rose au centre, environ 2 minutes de plus, ou jusqu'à ce qu'il soit cuit au goût. Testez la cuisson en faisant une petite incision dans la partie la plus épaisse du poisson. Servir chaud.

espadon sicilien à l'oignon

Poisson Spada a Sfinciuni

Donne 4 portions

Les cuisiniers siciliens préparent une délicieuse pizza appelée sfinciuni, un mot arabe signifiant «léger» ou «aéré». La pizza a une croûte épaisse mais légère et est garnie d'oignons, d'anchois et de sauce tomate. Cette recette traditionnelle d'espadon est dérivée de cette pizza.

3 cuillères à soupe d'huile d'olive

1 oignon moyen, tranché finement

4 filets d'anchois hachés

1 tasse de tomates fraîches sans peau, épépinées et hachées, ou de tomates en conserve, égouttées et hachées

Une pincée d'origan séché, émietté

Sel et poivre noir fraîchement moulu au goût.

4 filets d'espadon d'environ 3/4 de pouce d'épaisseur

2 cuillères à soupe de chapelure sèche

1. Verser 2 cuillères à soupe d'huile dans une poêle moyenne. Ajouter l'oignon et cuire jusqu'à ce qu'il soit tendre, environ 5 minutes. Ajouter les anchois et cuire encore 5 minutes ou jusqu'à ce qu'ils soient très tendres. Ajouter les tomates, l'origan, le sel et le poivre et cuire 10 minutes.

deux. Placer une grille au centre du four. Préchauffer le four à 350 ° F. Graisser un plat allant au four assez grand pour contenir le poisson en une seule couche.

3. Séchez les filets d'espadon. Placez-les sur la plaque à pâtisserie préparée. Saupoudrez de sel et de poivre. Verser la sauce à la cuillère. Mélanger la chapelure avec la cuillère à soupe d'huile restante. Saupoudrer la chapelure sur la sauce.

4. Cuire au four pendant 10 minutes ou jusqu'à ce que le poisson soit légèrement rosé au centre. Testez la cuisson en faisant une petite incision dans la partie la plus épaisse du poisson. Servir chaud.

pommes de terre vénitiennes

Patate à la vénitienne

Donne 4 portions

Bien que j'utilise des pommes de terre dorées du Yukon pour la plupart des repas, il existe de nombreuses autres bonnes variétés disponibles, en particulier sur les marchés de producteurs, et elles ajoutent de la variété aux plats de pommes de terre. Les pommes de terre jaunes finlandaises sont bonnes pour rôtir et cuire au four, et les rouges russes sont excellentes dans les salades. Bien qu'elles semblent étranges, les pommes de terre bleues peuvent aussi être très bonnes.

1 1/4 livres de pommes de terre tout usage, comme la Yukon Gold

2 cuillères à soupe de beurre non salé

1 cuillère à soupe d'huile d'olive

1 oignon moyen haché

Sel et poivre noir fraîchement moulu

2 cuillères à soupe de persil frais haché

1. Frotter les pommes de terre avec une brosse sous l'eau courante froide. Épluchez-les si vous le souhaitez. Couper les pommes de terre en deux ou en quatre si elles sont grosses. Dans une grande poêle, faire fondre le beurre avec l'huile à feu moyen. Ajouter l'oignon et cuire jusqu'à ce qu'il soit tendre, environ 5 minutes.

deux. Ajouter les pommes de terre et saler et poivrer au goût. Couvrir la poêle et cuire, en remuant de temps à autre, environ 20 minutes ou jusqu'à ce que les pommes de terre soient tendres.

3. Ajouter le persil et bien remuer. Servir chaud.

Pommes de terre sautées"

coup de pied sauté

Donne 4 portions

Lorsque vous commandez des frites dans un restaurant italien, c'est ce que vous obtenez. Les pommes de terre sont légèrement croustillantes à l'extérieur et moelleuses et crémeuses à l'intérieur. On les appelle des pommes de terre "sautées" car elles doivent souvent être remuées ou jetées dans la casserole.

1 1/4 livres de pommes de terre tout usage, comme la Yukon Gold

1/4 tasse d'huile d'olive

Sel et poivre noir fraîchement moulu

1. Frotter les pommes de terre avec une brosse sous l'eau courante froide. Peler les patates. Coupez-les en morceaux de 1 pouce.

deux. Verser l'huile dans une poêle de 9 pouces. Placer la poêle à feu moyen-élevé jusqu'à ce que l'huile soit très chaude et qu'un morceau de pomme de terre grésille lorsqu'il est ajouté.

3. Bien essuyer les pommes de terre avec une serviette en papier. Ajouter les pommes de terre à l'huile chaude et cuire 2 minutes.

Retourner les pommes de terre et cuire encore 2 minutes. Poursuivre la cuisson en retournant les pommes de terre toutes les 2 minutes ou jusqu'à ce qu'elles soient légèrement dorées de tous les côtés, environ 10 minutes au total.

4.Ajouter du sel et du poivre au goût. Couvrir la poêle et cuire, en tournant de temps en temps, jusqu'à ce que les pommes de terre soient tendres lorsqu'elles sont percées avec un couteau, environ 5 minutes. Sers immédiatement.

Variation: Pommes de terre aux fines herbes et à l'ail : À l'étape 4, ajoutez 2 gousses d'ail hachées et 1 cuillère à soupe de romarin ou de sauge frais hachés.

Pommes de terre sautées et poivrons

Patate et Pepperoni à Padella

Donne 6 portions

Le poivron, l'ail et le poivron rouge ajoutent de la saveur à ce savoureux sauté.

1 1/4 livres de pommes de terre tout usage, comme la Yukon Gold

4 cuillères à soupe d'huile d'olive

2 gros poivrons rouges ou jaunes, coupés en morceaux de 1 pouce

sel

1/4 tasse de persil frais haché

2 grosses gousses d'ail

Pincée de piment rouge moulu

1. Frotter les pommes de terre avec une brosse sous l'eau courante froide. Épluchez les pommes de terre et coupez-les en morceaux de 1 pouce.

deux. Dans une grande poêle, chauffer 2 cuillères à soupe d'huile à feu moyen. Séchez bien les pommes de terre avec du papier absorbant et placez-les dans la casserole. Cuire, en remuant les pommes de terre de temps en temps, jusqu'à ce qu'elles commencent à dorer, environ 10 minutes. Saupoudrer de sel. Couvrez la casserole et faites cuire pendant 10 minutes.

3. Pendant la cuisson des pommes de terre, dans une poêle séparée, chauffer les 2 cuillères à soupe d'huile restantes à feu moyen. Ajouter le poivron et le sel au goût. Cuire, en remuant de temps en temps, jusqu'à ce que les poivrons soient presque tendres, environ 10 minutes.

4. Mélanger les pommes de terre puis ajouter les poivrons. Ajouter le persil, l'ail et le piment rouge broyé. Cuire jusqu'à ce que les pommes de terre soient tendres, environ 5 minutes. Servir chaud.

Purée de pommes de terre au persil et à l'ail

Patate Schiacciate all'Aglio e Prezzemolo

Donne 4 portions

La purée de pommes de terre reçoit un traitement italien avec du persil, de l'ail et de l'huile d'olive. Si vous aimez vos pommes de terre épicées, ajoutez une grosse pincée de piment rouge broyé.

1 1/4 livres de pommes de terre tout usage, comme la Yukon Gold

sel

1/4 tasse d'huile d'olive

1 grosse gousse d'ail, hachée finement

1 cuillère à soupe de persil frais haché

poivre noir fraîchement moulu

1. Frotter les pommes de terre avec une brosse sous l'eau courante froide. Épluchez les pommes de terre et coupez-les en quartiers. Placer les pommes de terre dans une casserole moyenne avec de l'eau froide pour couvrir et saler au goût. Couvrir et porter à ébullition. Cuire 15 minutes ou jusqu'à ce que les pommes de

terre soient tendres lorsqu'on les pique avec un couteau. Égoutter les pommes de terre en réservant un peu d'eau.

deux.Séchez la poêle dans laquelle les pommes de terre ont été cuites. Ajouter 2 cuillères à soupe d'huile et l'ail et cuire à feu moyen jusqu'à ce que l'ail soit parfumé, environ 1 minute. Ajouter les pommes de terre et le persil dans la poêle. Écrasez les pommes de terre avec un pilon ou une fourchette, en remuant bien pour les mélanger avec l'ail et le persil. Ajouter le reste de l'huile, saler et poivrer au goût. Ajouter un peu d'eau de cuisson, si nécessaire. Sers immédiatement.

Variation: Purée d'olives : Ajouter 2 cuillères à soupe d'olives noires ou vertes hachées avant de servir.

Pommes de terre nouvelles aux herbes et bacon

Patatine à l'Erbe Aromatiche

Donne 4 portions

Les pommes de terre nouvelles sont délicieuses cuites de cette façon. (Les pommes de terre nouvelles ne sont pas une variété. Toute pomme de terre fraîchement cueillie avec une peau fine peut être appelée pomme de terre nouvelle.) Utilisez une pomme de terre ordinaire si aucune pomme de terre nouvelle n'est disponible.

1 1/4 livres de petites pommes de terre nouvelles

2 onces de bacon tranché, coupé en dés

1 oignon moyen haché

2 cuillères à soupe d'huile d'olive

1 gousse d'ail finement hachée

6 feuilles de basilic frais coupées en morceaux

1 cuillère à café de romarin frais haché

1 feuille de laurier

Sel et poivre noir fraîchement moulu

1. Frotter les pommes de terre avec une brosse sous l'eau courante froide. Épluchez-les si vous le souhaitez. Couper les pommes de terre en morceaux de 1 pouce.

deux. Mélanger la pancetta, l'oignon et l'huile dans une grande poêle. Cuire à feu moyen jusqu'à tendreté, environ 5 minutes.

3. Ajouter les pommes de terre et cuire, en remuant de temps en temps, pendant 10 minutes.

4. Ajouter l'ail, le basilic, le romarin, la feuille de laurier et saler et poivrer au goût. Couvrir la casserole et cuire encore 20 minutes, en remuant de temps en temps, jusqu'à ce que les pommes de terre soient tendres lorsqu'on les pique avec une fourchette. Ajouter un peu d'eau si les pommes de terre commencent à dorer trop vite.

5. Retirer la feuille de laurier et servir chaud.

Pomme de terre à la tomate et à l'oignon

Patate à la Pizzaiola

Donne 6 à 8 portions.

Les pommes de terre au four à saveur de pizza sont typiques de Naples et d'autres régions du sud.

2 livres de pommes de terre tout usage, comme la Yukon Gold

2 grosses tomates, pelées, épépinées et coupées en dés

2 oignons moyens, tranchés

1 gousse d'ail finement hachée

1/2 cuillère à café d'origan séché

1/4 tasse d'huile d'olive

Sel et poivre noir fraîchement moulu

1. Préchauffer le four à 450 ° F. Frotter les pommes de terre avec une brosse sous l'eau courante froide. Épluchez-les si vous le souhaitez. Couper les pommes de terre en morceaux de 1 pouce. Dans un plat allant au four assez grand pour contenir les ingrédients en une seule couche, mélanger les pommes de terre,

les tomates, les oignons, l'ail, l'origan, l'huile, le sel et le poivre au goût. Répartir les ingrédients uniformément dans le moule.

deux. Placer une grille au centre du four. Griller les légumes, en remuant 2-3 fois, pendant 1 heure ou jusqu'à ce que les pommes de terre soient bien cuites. Servir chaud.

Pommes de terre au four à l'ail et au romarin

riz aux pommes de terre

Donne 4 portions

Je ne me lasse pas de ces pommes de terre brunes croustillantes. Personne ne peut leur résister. L'astuce pour les faire est d'utiliser une casserole assez grande pour que les morceaux de pommes de terre se touchent à peine et ne soient pas empilés les uns sur les autres. Si votre plaque à pâtisserie n'est pas assez grande, utilisez un moule à muffins à la gelée de 15 x 10 x 1 pouce ou utilisez deux plaques à pâtisserie plus petites.

2 livres de pommes de terre tout usage, comme la Yukon Gold

1 1/4 tasse d'huile d'olive

1 cuillère à soupe de romarin frais haché

Sel et poivre noir fraîchement moulu

2 gousses d'ail finement hachées

1. Placer une grille au centre du four. Préchauffer le four à 400 ° F. Frotter les pommes de terre avec une brosse sous l'eau courante froide. Épluchez-les si vous le souhaitez. Couper les pommes de

terre en morceaux de 1 pouce. Séchez les pommes de terre avec une serviette en papier. Disposez-les dans un plat allant au four assez grand pour accueillir les pommes de terre en une seule couche. Arroser d'huile d'olive et mélanger avec du romarin et du sel et du poivre au goût. Répartir les pommes de terre uniformément.

deux. Griller les pommes de terre en remuant toutes les 15 minutes, pendant 45 minutes. Ajouter l'ail et cuire encore 15 minutes ou jusqu'à ce que les pommes de terre soient tendres. Servir chaud.

Pommes de terre au four aux champignons

Patate et Champignons al Forno

Donne 6 portions

Les pommes de terre captent certains des arômes de champignons et d'ail lorsqu'elles rôtissent dans la même poêle.

1 1/2 livres de pommes de terre tout usage telles que la Yukon Gold

1 livre de champignons, de n'importe quel type, coupés en deux ou en quartiers s'ils sont gros

1/4 tasse d'huile d'olive

2 à 3 gousses d'ail, tranchées finement

Sel et poivre noir fraîchement moulu

2 cuillères à soupe de persil frais haché

1. Placer une grille au centre du four. Préchauffer le four à 400 ° F. Frotter les pommes de terre avec une brosse sous l'eau courante froide. Épluchez-les si vous le souhaitez. Couper les pommes de terre en morceaux de 1 pouce. Placer les pommes de terre et les champignons dans un grand plat allant au four. Mélanger les

légumes avec l'huile d'olive, l'ail et une généreuse pincée de sel et de poivre.

deux. Griller les légumes 15 minutes. Jouez-les bien. Cuire au four pendant 30 minutes supplémentaires, en remuant de temps en temps, ou jusqu'à ce que les pommes de terre soient tendres. Saupoudrer de persil haché et servir chaud.

Pommes de terre et chou-fleur façon Basilicate

Patate et Cavolfiore au four

fait 4 à 6

Jetez une poêle de pommes de terre et de chou-fleur au four avec du porc ou du poulet rôti pour un excellent dîner du dimanche. Les légumes doivent être croustillants et dorés sur les bords, et leurs saveurs doivent être rehaussées par l'odeur de l'origan.

1 petit chou-fleur

1/4 tasse d'huile d'olive

3 pommes de terre moyennes tout usage comme la Yukon Gold en quartiers

1/2 cuillère à café d'origan séché, émietté

Sel et poivre noir fraîchement moulu

1. Couper le chou-fleur en bouquets de 2 pouces. Coupez les extrémités des tiges. Couper les tiges épaisses en travers en tranches de 1/4 de pouce.

deux. Placer une grille au centre du four. Préchauffer le four à 400 ° F. Verser l'huile dans un plat allant au four de 13 × 9 × 2 pouces. Ajouter les légumes et bien mélanger. Saupoudrer d'origan et saler et poivrer au goût. Mélangez à nouveau.

3. Rôtir pendant 45 minutes ou jusqu'à ce que les légumes soient tendres et dorés. Servir chaud.

Pommes de terre et chou dans la casserole

Patate et cheval à Tegame

Donne 4 à 6 portions

Des versions de ce plat existent dans toute l'Italie. Dans le Frioul, la pancetta fumée est ajoutée à la poêle avec l'oignon. J'aime cette version simple de la Basilicate. Le rose pâle de l'oignon complète les pommes de terre blanches crémeuses et le chou vert. Les pommes de terre sont si molles qu'elles ressemblent à de la purée de pommes de terre lorsque le chou est tendre.

3 cuillères à soupe d'huile d'olive

1 oignon rouge moyen, haché

1/2 tête de chou moyen, tranché finement (environ 4 tasses)

3 pommes de terre moyennes tout usage, comme la Yukon Gold, pelées et coupées en petits morceaux

1/2 tasse d'eau

Sel et poivre noir fraîchement moulu

1.Verser l'huile dans une grande poêle. Ajouter l'oignon et cuire à feu moyen, en remuant constamment, jusqu'à ce qu'il ramollisse, environ 5 minutes.

deux. Ajouter le chou, les pommes de terre, l'eau et saler et poivrer au goût. Couvrir et cuire, en remuant de temps à autre, pendant 30 minutes ou jusqu'à ce que les légumes soient tendres. Ajouter un peu d'eau si les légumes commencent à coller. Servir chaud.

Tarte aux pommes de terre et aux épinards

Patate et tourte aux épinards

Donne 8 portions

Quand j'ai eu ce gâteau de légumes en couches à Rome, il était fait avec du radicchio au lieu des épinards. Le radicchio romain ressemble à un jeune pissenlit ou à une roquette mature. Les épinards sont un bon substitut au radicchio. Pour une meilleure saveur, laissez ce plat refroidir légèrement avant de servir.

2 livres de pommes de terre tout usage, comme la Yukon Gold

sel

4 cuillères à soupe de beurre non salé

1 petit oignon, haché finement

1 1/2 livres d'épinards, de radicchio, de pissenlit ou de bette à carde, parés

1 1/2 tasse d'eau

1 1/2 tasse de lait chaud

1 tasse de Parmigiano-Reggiano fraîchement râpé

poivre noir fraichement moulu

1 cuillère de chapelure

1. Frotter les pommes de terre avec une brosse sous l'eau courante froide. Épluchez les pommes de terre et placez-les dans une casserole moyenne avec de l'eau froide pour couvrir. Saler et couvrir la casserole. Porter à ébullition et cuire environ 20 minutes, ou jusqu'à ce que les pommes de terre soient tendres.

deux. Dans une petite poêle, faire fondre 2 cuillères à soupe de beurre à feu moyen. Ajouter l'oignon et cuire, en remuant constamment, jusqu'à ce que l'oignon soit tendre et doré.

3. Placer les épinards dans une grande casserole avec 1/2 tasse d'eau et saler au goût. Couvrir et cuire jusqu'à tendreté, environ 5 minutes. Bien égoutter et presser l'excès de liquide. Hacher les épinards sur une planche à découper.

4. Ajouter les épinards dans la poêle et mélanger avec l'oignon.

5. Lorsque les pommes de terre sont tendres, égouttez-les et écrasez-les jusqu'à consistance lisse. Ajouter les 2 cuillères à soupe de beurre restantes et le lait. Ajouter 3/4 tasse de fromage et bien mélanger. Assaisonner au goût avec du sel et du poivre.

6. Placer une grille au centre du four. Préchauffer le four à 375°F.

7. Beurrer généreusement un plat allant au four de 9 pouces. Répartir la moitié des pommes de terre sur l'assiette. Faire une deuxième couche de tous les épinards. Couvrir avec les pommes de terre restantes. Saupoudrer du 1/4 tasse de fromage restant et de la chapelure.

8. Cuire au four de 45 à 50 minutes ou jusqu'à ce que le dessus soit doré. Laisser reposer 15 minutes avant de servir.

Croquettes napolitaines de pommes de terre

Panzerotti ou Crocche

il y a environ 24 ans

À Naples, les pizzerias ont installé des étals de trottoir pour vendre ces savoureuses purées de pommes de terre dans une chapelure croustillante, ce qui permet aux passants de les manger facilement pour le déjeuner ou le goûter. Ceci, cependant, est la recette de ma grand-mère. Nous avions des frites pendant les vacances et les occasions festives tout au long de l'année, généralement en accompagnement du rôti de bœuf.

2 1/2 livres de pommes de terre tout usage telles que la Yukon Gold

3 gros œufs

1 tasse de Pecorino Romano ou Parmigiano-Reggiano fraîchement râpé

2 cuillères à soupe de persil frais haché

1/4 tasse de salami finement haché (environ 2 onces)

Sel et poivre noir fraîchement moulu

2 tasses de chapelure sèche

Huile végétale pour la friture

1. Frotter les pommes de terre avec une brosse sous l'eau courante froide. Placer les pommes de terre dans une grande casserole avec de l'eau froide pour couvrir. Couvrez la casserole et portez l'eau à ébullition. Cuire à feu moyen jusqu'à ce que les pommes de terre soient tendres lorsqu'elles sont piquées à la fourchette, environ 20 minutes. Égouttez les pommes de terre et laissez-les refroidir légèrement. Peler les patates. Placez-les dans un grand bol et écrasez-les avec un presse-agrumes ou une fourchette jusqu'à consistance lisse.

deux. Séparez les œufs, placez les jaunes dans un petit bol et réservez les blancs dans une assiette creuse. Étaler la chapelure sur une feuille de papier sulfurisé.

3. Ajouter les jaunes d'œufs, le fromage, le persil et le salami à la purée de pommes de terre. Ajouter du sel et du poivre au goût.

4. Avec environ 1/4 tasse du mélange de pommes de terre, former une saucisse d'environ 1 pouce de large et 1 pouce de long. Répéter avec les pommes de terre restantes.

5. Battre les blancs au fouet ou à la fourchette jusqu'à ce qu'ils soient mousseux. Trempez les tranches de pommes de terre dans les blancs d'œufs puis roulez-les dans la chapelure en les

recouvrant complètement. Placez les bûches sur une grille et laissez-les sécher pendant 15 à 30 minutes.

6. Versez environ 1/2 pouce d'huile dans une grande poêle à fond épais. Chauffer à feu moyen jusqu'à ce qu'une partie du blanc d'œuf grésille lorsqu'il est versé dans l'huile. Placez délicatement quelques bûches dans le pot en laissant un peu d'espace entre elles. Frire, en tournant de temps en temps avec des pinces, jusqu'à ce qu'elles soient uniformément dorées, environ 10 minutes. Transférer les croquettes dorées sur du papier absorbant pour les égoutter.

7. Servir immédiatement ou garder les croquettes au chaud dans un four doux pendant que vous faites frire le reste.

Tarte aux pommes de terre napolitaine de papa Chat'

Donne 6 à 8 portions

Gatto' vient du gateau français, qui signifie "tarte". La dérivation me porte à croire que cette recette a été popularisée par les monzu formés en France, des chefs qui cuisinaient pour les aristocrates à la cour de Naples.

À la maison, on l'appelait patate cake, et si on n'avait pas de croquettes de pommes de terre le dimanche midi, on aurait ce plat de pommes de terre, qui était la spécialité de mon père.

2 1/2 livres de pommes de terre tout usage telles que la Yukon Gold

sel

1/4 tasse de chapelure sèche

4 cuillères à soupe (1/2 bâtonnet) de beurre non salé, ramolli

1 tasse de lait chaud

1 tasse plus 2 cuillères à soupe de Parmigiano-Reggiano fraîchement râpé

1 gros oeuf, battu

¼ cuillère à café de noix de muscade fraîchement râpée

Sel et poivre noir fraîchement moulu

8 onces de mozzarella fraîche, hachée

4 onces de salami ou de prosciutto italien importé, haché

1. Frotter les pommes de terre avec une brosse sous l'eau courante froide. Placer les pommes de terre dans une grande casserole avec de l'eau froide pour couvrir. Ajouter du sel au goût. Couvrez la casserole et portez l'eau à ébullition. Cuire à feu moyen jusqu'à ce que les pommes de terre soient tendres lorsqu'elles sont piquées à la fourchette, environ 20 minutes. Égoutter et laisser refroidir légèrement.

deux. Placer une grille au centre du four. Préchauffer le four à 400 ° F. Beurrer un plat allant au four de 2 pintes. Saupoudrer de chapelure.

3. Épluchez les pommes de terre, placez-les dans un grand bol et écrasez-les avec un pilon ou une fourchette jusqu'à consistance lisse. Ajouter 3 cuillères à soupe de beurre, le lait, 1 tasse de parmesan, l'œuf, la muscade, le sel et le poivre au goût. Ajouter la mozzarella et le salami.

4. Répartir uniformément le mélange dans le plat préparé. Saupoudrer du parmesan restant. Parsemer de la cuillère à soupe de beurre restante.

5. Cuire au four de 35 à 45 minutes ou jusqu'à ce que le dessus soit doré. Laisser reposer brièvement à température ambiante avant de servir.

tomates frites

Pomodori à Padella

Donne 6 à 8 portions

Servez-les en accompagnement de viandes grillées ou rôties, ou à température ambiante, effilochés sur du pain toasté à l'apéritif.

8 tomates italiennes

1 1/4 tasse d'huile d'olive

2 gousses d'ail finement hachées

2 cuillères à soupe de basilic frais haché

Sel et poivre noir fraîchement moulu

1. Laver les tomates et les sécher. À l'aide d'un petit couteau, coupez autour de la tige de chaque tomate et retirez-la. Couper les tomates en deux dans le sens de la longueur.

deux. Dans une grande poêle, chauffer l'huile d'olive avec l'ail et le basilic à feu moyen. Ajouter les moitiés de tomates côté coupé vers le bas. Saupoudrez de sel et de poivre. Cuire jusqu'à ce que les tomates soient dorées et tendres, environ 10 minutes. Servez chaud ou à température ambiante.

tomates vapeur

pomodori cuit à la vapeur

Donne 4 portions

Ici, les petites tomates douces sont cuites dans leur jus. Servez-les en accompagnement d'une viande ou d'un poisson, ou posez-les sur un sauté. Si les tomates ne sont pas assez sucrées, ajoutez une pincée de sucre pendant la cuisson.

1 litre de tomates cerises ou raisins

2 cuillères à soupe d'huile d'olive extra vierge

sel

6 feuilles de basilic, empilées et coupées en fines lanières

1. Laver les tomates et les sécher. Coupez-les en deux au bout de la tige. Dans une petite casserole, mélanger les tomates, l'huile et le sel. Couvrez la casserole et menez à feu doux. Cuire pendant 10 minutes ou jusqu'à ce que les tomates ramollissent mais conservent leur forme.

deux. Ajouter le basilic. Servez chaud ou à température ambiante.

tomates rôties

Pomodori au four

Donne 8 portions

Une chapelure assaisonne ces tomates. Ils se marient bien avec les poissons grillés et la plupart des plats à base d'œufs.

8 tomates italiennes

1 tasse de chapelure

4 filets d'anchois hachés finement

2 cuillères à soupe de câpres, lavées et égouttées

1/2 tasse de Pecorino Romano fraîchement râpé

1/2 cuillère à café d'origan séché

3 cuillères à soupe d'huile d'olive

Sel et poivre noir fraîchement moulu

1. Laver et sécher les tomates. Couper les tomates en deux dans le sens de la longueur. À l'aide d'une petite cuillère, placez les graines dans une passoire à mailles fines placée au-dessus d'un

bol pour récupérer le jus. Dans une grande poêle, faire griller la chapelure à feu moyen, en remuant constamment, jusqu'à ce qu'elle soit parfumée mais non dorée, environ 5 minutes. Retirer du feu et laisser refroidir légèrement.

deux. Placer une grille au centre du four. Préchauffer le four à 400 ° F. Graisser un grand plat allant au four. Placer les peaux de tomates côté coupé vers le haut dans la poêle.

3.Dans le bol avec le jus de tomate, ajouter la chapelure, les anchois, les câpres, le fromage, l'origan, le sel et le poivre. Ajouter 2 cuillères à soupe d'huile d'olive. Farcir le mélange avec les pelures de tomates. Arroser avec la cuillère à soupe d'huile restante.

4.Cuire au four pendant 40 minutes ou jusqu'à ce que les tomates soient tendres et que la chapelure soit dorée. Servir chaud.

Farro aux tomates farcies

Pomodori Ripieni

Donne 4 portions

Le farro, un grain ancien très populaire en Italie, fait une excellente farce pour les tomates lorsqu'il est mélangé avec du fromage et des oignons. J'ai eu quelque chose comme ça à L'Angolo Divino, un bar à vin à Rome.

1 tasse de farro semi-perlé (ou substitut de boulgour ou de baies de blé)

sel

4 grosses tomates rondes

1 petit oignon finement haché

2 cuillères à soupe d'huile d'olive

¼ tasse de Pecorino Romano ou Parmigiano-Reggiano râpé

poivre noir fraîchement moulu

1. Dans une casserole moyenne, porter à ébullition 4 tasses d'eau. Ajouter le farro et le sel au goût. Cuire jusqu'à ce que le farro soit

tendre mais encore moelleux, environ 30 minutes. Égouttez le farro et placez-le dans un bol.

deux. Dans une petite casserole, faire revenir l'oignon dans l'huile à feu moyen jusqu'à ce qu'il soit doré, environ 10 minutes.

3. Placer une grille au centre du four. Préchauffer le four à 350 °F. Graisser un petit plat allant au four assez grand pour accueillir les tomates.

4. Laver et sécher les tomates. Couper une tranche de 1/2 pouce d'épaisseur sur le dessus de chaque tomate et réserver. À l'aide d'une petite cuillère, évider l'intérieur des tomates et placer la pulpe dans une passoire fine placée au-dessus d'un bol. Placer les peaux de tomates sur la plaque à pâtisserie.

5. Dans le bol avec le farro, ajouter le jus de tomate égoutté, les oignons sautés, le fromage et le sel et le poivre au goût. Verser le mélange dans les peaux de tomates. Couvrir les tomates avec les fanes réservées.

6. Cuire au four pendant 20 minutes ou jusqu'à ce que les tomates soient tendres. Servez chaud ou à température ambiante.

Tomate farcie à la romaine

Pomodori Ripieni alla Romana

Donne 6 portions

Il s'agit d'un plat romain classique, généralement consommé à température ambiante en entrée.

³1/4 tasse de riz à grain moyen tel que Arborio, Carnaroli ou Vialone Nano

sel

6 grosses tomates rondes

4 cuillères à soupe d'huile d'olive

3 filets d'anchois hachés finement

1 petite gousse d'ail, hachée finement

¹1/4 tasse de basilic frais haché

1/4 tasse de Parmigiano-Reggiano fraîchement râpé

1. Porter 1 litre d'eau à ébullition à feu vif. Ajouter le riz et 1 cuillère à café de sel. Réduire le feu et cuire pendant 10 minutes

ou jusqu'à ce que le riz soit partiellement cuit mais encore assez ferme. Sèche bien. Mettre le riz dans un grand bol.

deux. Placer une grille au centre du four. Préchauffer le four à 350 ° F. Graisser un plat allant au four assez grand pour accueillir les tomates.

3.Couper une tranche de 1/2 pouce sur le dessus des tomates et réserver. À l'aide d'une petite cuillère, évider l'intérieur des tomates et placer la pulpe dans une passoire fine placée au-dessus d'un bol. Mettez les peaux de tomates dans la poêle.

4.Dans le bol avec le riz, ajouter le liquide de la tomate égouttée et l'huile, les anchois, l'ail, le basilic, le fromage et le sel au goût. Bien agiter. Verser le mélange dans les peaux de tomates. Couvrir les tomates avec les fanes réservées.

5.Cuire au four pendant 20 minutes ou jusqu'à ce que le riz soit tendre. Servez chaud ou à température ambiante.

Tomates rôties au vinaigre balsamique

Pomodori balsamique

Donne 6 portions

Le vinaigre balsamique a une façon presque magique de rehausser la saveur des légumes. Essayez ce plat simple et servez-le en entrée ou avec de la viande.

8 tomates italiennes

2 cuillères à soupe d'huile d'olive

1 cuillère de vinaigre balsamique

Sel et poivre noir fraîchement moulu

1. Placer une grille au centre du four. Préchauffer le four à 375 ° F. Graisser une plaque à pâtisserie assez grande pour contenir les tomates en une seule couche.

deux. Laver les tomates et les sécher. Couper les tomates en deux dans le sens de la longueur. Retirez les pépins de la tomate. Placer les moitiés de tomates face coupée vers le haut dans la poêle. Arroser d'huile et de vinaigre et saupoudrer de sel et de poivre.

3.Rôtir les tomates pendant 45 minutes ou jusqu'à ce qu'elles soient tendres. Servir à température ambiante.

Carpaccio De Courgettes

Carpaccio à Giallo et Verde

Donne 4 portions

J'ai d'abord mangé une version plus simple de cette salade rafraîchissante chez des amis vignerons en Toscane. Au fil des ans, je l'ai embelli en utilisant une combinaison de courgettes jaunes et vertes et en ajoutant de la menthe fraîche.

2-3 petites courgettes, de préférence un mélange de jaune et de vert

3 cuillères à soupe de jus de citron frais

⅓ tasse d'huile d'olive extra vierge

Sel et poivre noir fraîchement moulu

2 cuillères à soupe de menthe fraîche finement hachée

Environ 2 onces de Parmigiano-Reggiano, en 1 morceau

1. Frottez les courgettes avec un pinceau sous l'eau courante froide. Coupez les extrémités.//

deux. Au robot culinaire ou à la mandoline, trancher finement les courgettes. Placer les tranches dans un bol moyen.

3. Dans un petit bol, fouetter ensemble le jus de citron, l'huile d'olive, le sel et le poivre au goût jusqu'à consistance lisse. Ajoutez de la menthe. Parsemer de courgettes et bien mélanger. Répartir les tranches sur une assiette plate.

4. À l'aide d'un épluche-légumes, coupez le parmesan en fines tranches. Répartir les tranches sur les courgettes. Sers immédiatement.

www.ingramcontent.com/pod-product-compliance
Lightning Source LLC
Chambersburg PA
CBHW071141080526
44587CB00013B/1704